Tatsuo Oguro
Der Rettungsgedanke bei Shinran und Luther

Tatsuo Oguro

Der Rettungsgedanke bei Shinran und Luther

Eine religionsvergleichende Untersuchung

1985
Georg Olms Verlag
Hildesheim · Zürich · New York

© Georg Olms AG, Hildesheim 1985
Alle Rechte vorbehalten
Printed in Germany
Herstellung: Hain-Druck GmbH, Meisenheim/Glan
ISBN 3-487-07659-4

Meinen Eltern, die ihrem

schwierigen Sohn bis zum

Ende vertraut haben.

非行少年だった息子を最後まで
信頼して下さった私の父母に。

Vorbemerkung:

Als ich im Wintersemester 1969/70 nach Berlin kam, hatte ich keinen Mut, in Deutschland zu promovieren, weil meine Deutschkenntnisse gerade genug waren, etwas zu lesen, aber die Versuche, Deutsch mündlich zu verstehen und zu benutzen, waren deprimierend.

Professor Michel (damals Dekan der Kirchlichen Hochschule Berlin) gab mir die Gelegenheit, während ich immatrikuliert war, Deutsch am Goetheinstitut zu lernen, und mit Geduld, als ich die Abschlußprüfung eines Kurses nicht bestehen konnte, hat er mich diesen wiederholen lassen. Damit konnte ich die schwierigste Zeit für Deutsch hinter mich bringen.

Im dritten Semester hat Professor Kohler (Missionswissenschaft) für mich die Chance gefunden, eine Dissertation zu schreiben. Mein Thema brachte die Schwierigkeit mit sich, einen Doktorvater zu finden, der gleichzeitig Luther und den japanischen Buddhismus gut kannte. Professor Kohler empfahl mir Professor Dr. Benz in Marburg, und als er mein Thema akzeptierte, wurde die Möglichkeit zu promovieren für mich erst realistisch. Aber als ich nach Marburg kam, wurde Professor Dr. Benz für 3 Semester krank.

In dieser Zeit hörte ich zufällig Professor Ratschows Vorlesung über die Christologie. Als er in einer Vorlesung vergleichend über Christus und die Gestalt Amidas sprach, war ich sehr überrascht, daß ein deutscher Professor für Systematik solch fremde Religion gut kennt. - Später bemerkte ich dann, daß Professor Ratschow auch Orientalistik studiert hat.

Mit solcher Vorgeschichte begann meine Arbeit bei ihm. Aber ich habe hintereinander verschiedene Probleme mitgebracht, die außerhalb meiner Arbeit lagen. Wenn ich mich daran erinnere, wird mir immer noch heiß und kalt zugleich. Ohne sein Verständnis für meine schwierigen persönlichen Probleme, ohne seine Hilfe, als ich mit gebrochenem Fuß ohne Arbeitsmöglichkeit und mit finanziellen Schwierigkeiten die Arbeit schrieb, und ohne seine Geduld hätte ich die Arbeit nicht zu Ende bringen können.

Ihm und den Vorhergenannten möchte ich hier meinen großen Dank sagen.

Zudem bin ich froh, daß ich in den Seminaren von Professor Kohls und Professor Zeller (beide in Marburg) mehrere Hinweise bekommen habe.

Schließlich möchte ich Doktorandin Bettina Opitz danken, die meine vielen Deutschfehler korrigiert hat,
und ihrer Großmutter, Frau Elisabeth Förster-Reichen, die mich finanziell bei der Drucklegung unterstützt hat,
außerdem Frau Dr. med. A. Breyer, die mir in finanzieller Schwierigkeit geholfen hat,
und ihrer Tochter, Frau Vikarin Holle Breyer, mit der ich die deutsche Diskussionsmethode für Theologie üben konnte. Diese Übungen waren für mein Rigorosum sehr hilfreich.

Mein Dank gilt auch vielen nicht namentlich genannten Personen, besonders denen, die ich durch Karate kennengelernt habe, und die in meinen Schwierigkeiten mit der deutschen Mentalität gut vermittelt haben.

Ich vergesse Euch nicht!

Vorwort:

Das vorliegende Buch ist 1974 von der Evangelisch Theologischen Fakultät der Philipps Universität Marburg, Fachbereich Systematische Theologie und Religionsphilosophie, unter Prof. D. Dr. C.-H. Ratschow als Dissertation angenommen worden und 1975 im Dissertationsdruck erschienen. Die Absicht meiner Arbeit war, die damals übliche Methode des Vergleichs buddhistischer und biblischer Texte von japanischer Seite aus zu überschreiten, eine Methode, die weder die zu vergleichenden Texte exegesierte noch dogmengeschichtliche Hintergründe genügend einbezog, sondern lediglich buddhistische Texte mit übersetzten Bibeltexten konfrontierte.

Detaillierter gesagt, diese Arbeit wendet sich gegen zwei Tendenzen: daß der Buddhologe ohne gründliche Kenntnis der christlichen Theologie buddhistische Gedanken mit den topoi christlicher Theologie vergleicht, die er aus der japanischen Übersetzung der Bibel heraussucht, und daß japanische Philosophen der Richtung der Existentialphilosophie ohne Fachkenntnisse des Buddhismus und der christlichen Theologie kanonische Texte des Buddhismus mit biblischen Texten vergleichen und beurteilen.

Wenn Gedanken des buddhistischen Kanons und biblische Texte ähnlich und geradezu als Parallelen erscheinen, dann muß durch philologische, exegetische und dogmengeschichtliche Nachprüfung und Interpretation der jeweiligen Texte zunächst die Bedeutung im eigenen, biblischen oder buddhistischen - kanonischen Zusammenhang aufgedeckt werden. Erst dann kann man die Gedanken in Beziehung setzen, wobei als Unterschied deutlich wird, was zunächst als Ähnlichkeit erschien.

Die angesprochene Weise methodisch inkompetenten Vergleichs im Bereich der vergleichenden Religionswissenschaft ist überholt. Es geht aber weiter um den Dialog der Religionen und - wo christlicher Glaube von einer außereuropäischen Kultur aufgenommen wurde - um Indogenisation und Kontextualisierung, um Verwurzelung des Evangeliums im eigenen Kulturgefüge.
Der Ruf nach kontextueller Theologie schwillt an, auch die Veröffentlichungen nehmen zu. Aber dieser Wunsch, das Evangelium in der eigenen Kultur zu verwurzeln - es im Vergleich zur eigenen Religion und in der Auseinandersetzung mit dieser zu begreifen -, die Betonung des Anders-Seins, besonders in Asien, aus dem heraus das Evangelium verstanden werden müsse, setzt eine profunde Kenntnis des eigenen Anders-Seins im Hinblick auf Kultur, Religion und Mentalität voraus. In diesem Zusammenhang hat vergleichende Religionswissenschaft jetzt ihren Stellenwert.

In eben diesem Zusammenhang, als ein Beitrag auf dem Weg zur Indogenisation christlichen Glaubens im buddhistischen Kulturbereich, bin ich gebeten worden, meine Arbeit durch Veröffentlichung zugänglich zu machen. Hier wird an dem Beispiel des Vergleichs des japanischen Buddhismus in der Ausprägung durch Shinran mit dem christlichen Glauben in der Ausprägung Luthers die Ähnlichkeit entscheidender Gedanken dargestellt. Aber dieser Gedankentreffpunkt beider Religionen wird bei näherer Untersuchung zum Auseinandersetzungspunkt, und die Verschiedenheiten des Denkens entfalten sich.

Dadurch, daß Verschiedenheiten sich treffender Gedanken aus beiden Religionen bei dem Wunsch nach Indogenisation des Evangeliums übergangen werden, wird das Evangelium daran gehindert, sich wirklich zu verwurzeln.

Tainan Theological College
Tainan, Taiwan
Sommer 1984

Tatsuo Oguro

INHALTSVERZEICHNIS

Einleitung

Die Situation der Luther- und Shinranforschung
in Japan   1

Der Grund der Schwierigkeit des Vergleichs
zwischen Luther und Shinran

Die Methode des Vergleichs in dieser Arbeit

I.   Der Hintergrund der Reformation in
     Deutschland und der von Shinran aus-
     gehenden Bewegung in Japan   7

II. Die neue Interpretation Shinrans   14

III. Der Entwicklungsprozeß Shinrans im
     "san gan ten nyu"   17

     a) Die Bedeutung von "san gan ten nyu"
     b) Der Inhalt von "san gan ten nyu"

IV. Shinrans Entwicklung im Vergleich zu
     der Luthers   22

     1) Die Katastrophe Shinrans, die Zeit
        der Anfechtung Luthers   23

        a) Shinran im Kloster auf dem Hiei
           Berg
        b) Die Zeit der Anfechtung Luthers
           im Kloster   29

     2) "Jin-shin" bei Shinran und "humilitas"
        bei Luther   30

        a) "Jin-shin" bei Shinran
        b) Humilitas bei Luther in der ersten
           Psalmenvorlesung   34

V.   Der Glaube bei Shinran und Luther   37

     1) Der Glaube bei Shinran, "san shin isshin"
        (Drei Glauben im Herzen)

        a) Shi shin, Das Herz der Wahrheit
        b) Shingyo, Der frohe Glaube
        c) yokusho

	2) Der Glaube bei Luther	43
VI.	"Gi-nakio Gi-tosuru" und "iustificatio"	50
	1) Gi-nakio Gi-tosuru	
	a) Shinrans neue Interpretation von eko	50
	b) "Gi-nakio Gi-tosuru"	52
	2) Justificatio bei Luther	54
	3) Shinrans Gi-nakio Gi-tosuru im Vergleich zu Luthers iustificatio	57
VII.	Ein Vergleich zwischen Amida und Christus	59
	1) Charakterisierung Amidas	
	2) Die Sündigkeit nach buddhistischem Verständnis	
VIII.	Jihi bei Shinran, Gnade bei Luther	63
	1) Jihi bei Shinran	64
	Ähnlichkeit zwischen Jihi und Gnade	65
	Das Wesen der Gnade Amidas	69
	Zehn Vorteile der Gnade Amidas im Leben	77
	Das Mißverständnis der Trikaya	78
	2) Gnade bei Luther	81
	a) Barmherzigkeit - Erbarmen	
	b) Gnade und ihr Verhältnis zur Barmherzigkeit	83
	Das Wesen der Gnade	84
	Die Wirkung der Gnade als Gabe	85
	Freie Barmherzigkeit Gottes in "De servo arbitrio"	88
	3) Vergleich	94
	a) Der Grund von Jihi Amidas bzw. der Barmherzigkeit Gottes	
	b) Der Ausschluß der Go gyaku-hōbō von der Rettung und die Prädestination zur Verdammnis	
	c) Wie der Mensch zur Jihi bzw. Gnade gelangt	

        d) Der Inhalt von Jihi Amidas bzw.
           der Gnade Gottes
        e) Jihi und Liebe   99

IX.   Mitmenschliche Beziehungen   103

    1) Shinran

        a) Anschauung des Menschen
        b) Die Gleichheit mit Amida
        c) Butsuon-hōsha (Vergeltung der
           Wohltaten Buddhas)
        d) Dōzoku-Jishu, Priester und Laien
           sind gleich
        e) Beruf
        f) Die weltliche und geistliche
           Obrigkeit
        g) Ehe

    2) Mitmenschliche Beziehungen bei
       Luther   118

        a) Anschauung des Menschen
           Conformitas
           Die christliche Freiheit
        b) Kirche als communio sanctorum
        c) Priestertum aller Gläubigen
        d) Beruf
        e) Weltliche Obrigkeit
        f) Ehe

    3) Vergleich   130

        a) Anschauung des Menschen
           Conformitas und Gleichheit mit
           Amida
        b) Die christliche Freiheit bzw.
           Jinen-hōni
        c) Priestertum aller Gläubigen und
           Dōzoku Jishu
        d) Communio sanctorum und Dōbō dōgyō
        e) Beruf
        f) Obrigkeit
        g) Ehe

X. Das Mißverständnis der neuen Lehre unter
den Zeitgenossen Shinrans und Luthers   142

   Honganbokori
   Schwärmertum im Buddhismus, Ianshin
   Antinomisten
   Schwärmertum in Münster

   Vergleich: Antinomisten und Honganbokori
             Das Schwärmertum in Münster
             und Ianshin

XI. Schluß   150

    Ergebnis der Phänomenologie der Religion

    Literaturverzeichnis   154

Einleitung:

In der meisten Literatur über Shinran findet sich der Versuch, Shinran neben Luther zu stellen. Ein diesen Versuchen gemeinsames Phänomen fällt dabei auf: 1. Die Verfasser, die Shinran mit Luther vergleichen wollen, sind zumeist Historiker oder sozialistische Autoren oder auch irgendwelche andere Spezialisten, niemals reine buddhistische "Theologen". 2. Es handelt sich dabei um einen Vergleich des "Sinns" der beiden, Shinran und Luther, nicht um einen Vergleich ihrer Lehre, ihrer Theologie. Zudem sind auch die Quellen, die von diesen Autoren benutzt werden, keine theologischen Texte oder Interpretationen Luthers, sondern solche, die sich auf die Wirkung der Lehre für die Gesellschaft beziehen, wobei das Urteil über Luther im Hinblick auf seinen Lehraspekt über die Gesellschaft negativ ausfällt.

In Japan sind alle wichtigen deutschen wissenschaftlichen Werke, die in irgendeiner Weise auch von Luther handeln – Werke der Philosophie, Jura, Soziologie und Politik – in der japanischen Übersetzung zugänglich, aber es gibt kaum deutsche Bücher über die Theologie Luthers in der Übersetzung. Dieses Phänomen beruht darauf, daß nur 0,7 % der Japaner Protestanten sind und außerdem die meisten protestantischen Gemeinden der amerikanischen Mission entstammen, auch die Ev. Lutherische Kirche. Daher finden die Laien und Theologen nur geringes Interesse und Notwendigkeit, die Theologie Luthers kennenzulernen. Luther ist in Japan nur ein Begriff des common sense.

Um Luther selbst gründlicher kennenzulernen, müssen die japanischen Theologen zuerst den weiten Weg der sprachlichen Hindernisse hinter sich bringen, denn Deutsch lernt

man erst auf der Universität als Wahlfach, und Latein ist
die fünfte Fremdsprache für Theologen. Diese Hindernisse
sind Gründe dafür, daß unter den Japanern nicht genügend
Lutherforscher erscheinen.

Auch auf der Seite der Shinranforschung gibt es ein Problem.
Die Bedeutung Shinrans für das religiöse Leben haben die
Missionare der Meiji-Zeit entdeckt, z. B. Reischauer.
Damals war Japan damit beschäftigt, die europäische Kultur
und Zivilisation zu importieren. Die Missionare interpretierten also Shinran in der christlichen Kategorie[1], und
diese Interpretation eignete sich dazu, das Charakteristische
der Lehre Shinrans klar von den anderen buddhistischen
Lehren hervorzuheben. Der Hinweis der Missionare auf die
Bedeutung Shinrans weckte das Interesse für die Shinranforschung unter den Japanern.

Wegen der wenigen und unklaren Quellen über Shinran, erschien
eine Zeitlang die Meinung, daß Shinran keine historische
Person sei. Diese Meinung wiederum weckte buddhistische
Gelehrte der Orden Shinrans, die nach dieser Frage der
Historizität und nach der "Theologie" Shinrans forschten.
Bei dieser Bewegung entdeckte man an ihn gerichtete Briefe
seiner Frau wieder und außerdem das Manuskript seines
Hauptwerkes, Kyogo shin sho. Damit begann die Shinran-Renaissance. Aber schon kurze Zeit später, in der Zeit des
Militarismus und des II. Weltkrieges mußte die Shinraninterpretation der politischen Tendenz angeglichen werden,
und erst nach dem Krieg war der Weg der Shinranforschung,
anschließend an die Ergebnisse der Taisho-Zeit, frei.

---

[1] Auch japanische Autoren interpretierten Shinran in
christlicher Kategorie. Z. B. Kurata Hyakuzo, "Shukketo
sono deshi" ein Shinranroman

Trotz solcher Schwierigkeiten der Shinranforschung in Japan erschien vor dem 2. Weltkrieg ein Vergleich des Jodoismus (Honen, Shinran etc.) mit Luther in Deutschland[2].

Der Verfasser konnte wegen des Informationsmangels den Unterschied zwischen Shinran und anderen Amidaisten nicht durchschauen. Auf diesem entscheidenden Fehler, aufgrund von freien, christlich beeinflußten, europäischen Übersetzungen allein der populären Schriften Shinrans, betont er die Parallelität zwischen Shinran und Luther.

In dieser Arbeit soll die Theologie Shinrans und Luthers verglichen werden. Das geschieht an verschiedenen Vergleichspunkten. Es soll die Lehre, die hinter den Schlagworten der Reformation, sola gratia, sola fide, sola Christo, steht, mit der Lehre Shinrans verglichen werden, und durch die Methode der Exegese der Unterschied trotz der Ähnlichkeit der Begriffe aufgedeckt werden.

Weiterhin soll untersucht werden, ob sich der Kern und ausgangspunkt der Lehre Luthers, iustificatio, bei Shinran findet, und wie er sich von dem Gedanken der iustificatio unterscheidet, wenn beide Begriffe exegesiert werden.

Auf der Seite Shinrans ist deutlich eine innere Entwicklung in drei Stufen bis zur endgültigen "Fassung seiner Theologie" zu erkennen, vom Versuch der Rettung des Menschen durch eigene Verdienste bis zur Wiederentdeckung der Rettung allein durch den Glauben. Es soll untersucht werden, ob sich auch Luther in entsprechenden Stufen zur Wiederentdeckung des sola gratia, sola fide hin entwickelt hat.

---

[2] Horst Butschkus, Luthers Religion und ihre Entsprechung im japanischen Amida-Buddhismus, 1940, Diss.

In bezug auf die praktische Theologie soll untersucht werden, ob die Absichten und die Wirkung Shinrans, aus seiner Theologie folgend, eine Entsprechung in der Wirkung der Theologie Luthers hat. Wie weit der Einfluß Shinrans in der Kamakura-Zeit reichte, wird mit dem zeitlichen Hintergrund der Reformation verglichen.

Die Gefahr des Mißverständnisses einer Lehre, die die Rettung ohne Verdienst des Menschen verkündet, ist in bezug auf Luther als Antinomismus erschienen und als Mißverständnis der Freiheit. Ein vergleichbares Phänomen wird in Honganbokori und Ianshin als Folge der mißverstandenen Lehre Shinrans gesehen.

Methode der Darstellung:

Für Shinran:
Wenn man die Worte Shinrans ins moderne Japanisch übersetzt oder auch ins Deutsche, werden sie den Worten Luthers sehr ähnlich. Und wenn man solche Worte Shinrans mit dem heutigen Japanisch erklärt, haben die modernen japanischen Worte schon europäische Bedeutung. Hier muß unbedingt Exegese einsetzen, und diese muß in der buddhistischen Kategorie bleiben.

Obwohl es viele Sekundärliteratur zu Shinran gibt, sind die meisten Schriften außerhalb dieser Bedingung geschrieben. In dieser Arbeit ist nur auf die Bücher zurückgegriffen, die wirklich buddhistische "Theologie" enthalten. Daher bleiben die Übersetzungen und Interpretationen im großen und ganzen unberücksichtigt. Die wichtigste Quelle ist Shinrans Hauptwerk, Kyogo shin sho, sozusagen seine Systematik[3]. Hilfreich für die Exegese und Interpretation dieses Werkes ist die Tatsache, daß es als populäre Schrift verfaßt ist.

---

[3] Das Manuskript ist in kambun geschrieben (japanisiertes Chinesisch). Buddh. Begriffe haben trotz desselben Zeichens andere Aussprache und andere Bedeutung als dasselbe Zeichen in der Literatur

Was die Interpretation Shinrans in sich betrifft, so entspricht sie größtenteils der allgemeinen Auffassung von Shinran unter den japanischen Shinranforschern. Aber die Analyse Jiki (Gnade) Amidas wird hier neu erforscht, weil Japan sich noch nicht wissenschaftlich um diesen Teil bemüht hat. Vielleicht ist dieser Teil für die japanischen Shinranforscher fremd, weil der vorliegende Versuch die Methode der biblischen Exegese gewählt hat.

Für Luther:

Der Überblick ist durch deutsche Übersetzungen, wie die der Münchener und Calwer Ausgabe, gewonnen. Die angeführten exegesierten Teile sind dem Originaltext entnommen. Als Sekundärliteratur sind die Interpretationen herangezogen worden, die in der deutschen Lutherforschung als allgemein anerkannt gelten. Das Begreifen der Theologie Luthers bleibt vorsichtig, besser, es überschreitet nicht den Rahmen der allgemein anerkannten Interpretationen. Die Möglichkeit der freien Interpretation durch eine völlig andere Kultur bleibt auf diese Weise kontrolliert an den allgemein anerkannten Ergebnissen der Lutherforschung.

Diese Vorsicht ist notwendig, weil ein Japaner beim Verständnis Luthers auf die gleichen Schwierigkeiten und Gefahren trifft, wie ein Europäer bei der Interpretation Shinrans.

Zur Methode des Vergleichs:

Es wird nicht versucht, für einzelne Phänomene, möglicherweise gewaltsam, die Entsprechung in der anderen Lehre zu suchen, sondern die Theologien beider werden unter ihren Zentralbegriffen zunächst unabhängig voneinander und jede für sich dargestellt, aus denen sich dann die Vergleichspunkte ergeben. Diese werden konfrontiert und erweisen sich teilweise trotz äußerer Ähnlichkeit als nicht vergleichbar, als grundverschieden.

Zum Problem der Übersetzung wichtiger Begriffe muß erklärt werden, daß - soweit es möglich war - auf die entsprechenden Begriffe des Sanskrit zurückgegriffen wurde, daß eine wirkliche Bedeutung der Begriffe oft deshalb schwer zu finden ist, weil die jeweilige Übersetzung von Sanskrit in Kanji (chinesisches Zeichen) zunächst chinesisiert, dann japanisiert gebraucht wurde. Trotzdem wird der Sanskritbegriff hilfreich sein oder er wird sogar zum Schlüssel, den Unterschied zwischen Sanskrit und Japanisch zu finden, um Shinran gut zu verstehen.

I. Der Hintergrund der Reformation in Deutschland und der von Shinran ausgehenden Bewegung in Japan

In Deutschland bzw. in Europa:

"Neues ist niemals plötzlich da; eine neue Entwicklung ist immer durch eine frühere vermittelt. Allmählich gewinnt sie an Konturen und kommt zum Durchbruch, wenn die Zeit reif geworden ist". Mit diesen Worten leitet Stupperich seine Schrift, "Geschichte der Reformation" ein. Er begreift die Reformation durch Luther als Forderung der zeitgeschichtlichen Situation, als deren Notwendigkeit. die Reformation ist also vorbereitet; durch die Bewegung der Renaissance un des Humanismus war die Stellung des Menschen in der festgefügten Gemeinschaft der Kirche fraglich und also bereit zur Veränderung geworden. Das Bewußtsein der Individualität war erwacht. Diese damals einsetzende Befreiung des Geistes durch Renaissance und Humanismus knüpft nicht nur an das Studium der Antike an, sondern auch an den Wandel der Weltanschauung durch Entdeckung der Seefahrt, der Astronomie etc. Dies alles zu popularisieren, und damit zur Bildung des Bürgertums beizutragen, half die gerade damals erfundene Druckmethode durch Gutenberg. Die Träger der Kultur waren nicht mehr ausschließlich Adel und Mönchtum, sondern sie wurde dem Bürgertum zugänglich. Die Entdeckung des Individuums durch den Humanismus hat auch die Frömmigkeit des Menschen emanzipiert.

Auch auf gesellschaftspolitischer Ebene wurde das Erwachen des Bürgertums deutlich. Zu dieser Zeit entstanden die freien Hanse Städte, die zu großer Macht gelangten, getragen vom Bürgertum. Es war also eine Zeit des gesellschaftlichen Umbruchs, mit allen Unruhen, Gewalttätigkeiten und Unsicherheiten, in der die Reformation angebahnt wurde.

Zwischen dem zeitlichen Auftreten Shinrans und Luthers liegen drei Jahrhunderte. Die Bewegung, die von Shinran ausging und die zumindest zu seinen Lebzeiten nur bedingt als Reformation bezeichnet werden kann, konnte nicht an ein allgemeines, durch die geistesgeschichtliche Lage vorbereitetes Individualitätsbewußtsein anknüpfen, wie die Reformation in Europa.

Die Emanzipation des Individuums geschah nicht durch die Kultur oder den politisch-wirtschaftlichen Umbruch der Zeit, sondern sie erschien aus der Religion.

Shinran wurde in der Zeit des Krieges zwischen Genji und Heike, 1173, geboren. Es war der Krieg zwischen Rittern, die die Macht des Kaisers für sich beanspruchten. Der Sieger, Genji, gründete unabhängig vom Kaiser sein Regierungszentrum in Kamakura.

Die Folgezeit war bestimmt von dauernden Machtkämpfen innerhalb seiner Familie und schließlich zwischen seiner und der Familie seiner Frau.

Shinran wurde also auch in eine Zeit des gesellschaftlichen Umbruchs, der Machtkämpfe und schließlich der Herrschaft der Ritterklasse, die die Macht von Kaiser und Adel genommen hatte, hineingeboren.

In der Kamakura-bakufu[4] änderte sich auch die wirtschaftliche Lage. Statt des Tauschhandels wurde chinesisches Geld eingeführt (in der Sung Dynastie), aber die Kaufleute konnten zur Zeit Shinrans noch keine politische Rolle spielen. Bis sie, die Klasse der Bürger, freie Städte aufbauen konnten und damit Macht gewinnen, wie die Bürgerklasse in Europa, sollte noch drei Jahrhunderte dauern. Auch Träger der Kultur zu werden, lag noch nicht im Bewußtsein des Bürgertums unter der Feudalherrschaft der Ritter[4a]

---

4 Bakufu, Feudalherrschaft (1192 - 1333)
4a Akamatsu, Toshihide: Shinran, 1963, cf. Einleitung

Die geistesgeschichtliche Situation ist bekannt geworden als
Kamakura-Nihilismus.

Unter der Militärregierung der Ritter, der ehemaligen Krie-
gerklasse, bestand für den Adel und die Gelehrten keine
Möglichkeit, eine politische Rolle in der Gesellschaft zu
spielen.
Umstürze waren an der Tagesordnung. Häufige Epidemien, Hun-
gersnöte und Naturkatastrophen ließen das Land nicht zur
Ruhe kommen, die zu den sowieso unerfüllbaren Verpflichtungen
der Steuern an Lehnsherren und den Kaiser jetzt auch noch an
die neue Regierung Abgaben zahlen sollten. Ein Zeugnis
ist erhalten, nach dem im Jahre 1182 in den Monaten April
und Mai in Kyoto 42 300 Menschen durch die elende Lage
starben. Die Bauern kannten keine Möglichkeit, ihren Protest
politisch auszudrücken; die einzige Methode des Widerstandes
bestand darin, das Land zu verlassen. Erst dreihundert Jahre
nach Shinran fand die erste große Bauernrevolution, ausge-
hend von dem Orden Shinrans, statt.

Aus allen diesen Gründen und der Aussichtslosigkeit einer
Verbesserung der Lage war die allgemeine geistige "Haltung"
Nihilismus und Resignation. Beides findet seinen Ausdruck
in der Literatur. In der buddhistischen Nichtsheit fanden
die Menschen der Kamakurazeit eine Entsprechung zu ihrer
Resignation, und so findet man das literarische Thema,
"alles Irdische ist vergänglich",[5] das ursprünglich nur in
chinesischer Schrift und damit nur den Gelehrten zugänglich
war, schon in heutiger japanischer Schrift, damit als populäre Schrift.
Die Entdeckung des Individuums geschieht in der Religion.
Durch Genshin (942 - 1017) schon wird die Lehre des Jodomon

---

5 Anfang des Heikemonogatari

(Amida-Buddhismus), der Nembutsu-Glaube, die Rettung auch für die Laien ohne Hilfe der Priester populär. Schon im Genjimonogatari findet sich der Nembutsu-Glaube, aber noch in der Form, daß ein Adliger durch die Fürbitte eines Priesters, d.h. dadurch, daß ein Priester mit schöner Stimme für ihn Nembutsu macht, im Jodo wiedergeboren werden könne. Aber schon Genshin lehrt, daß die Laien selbst für sich und ohne Priester Nembutsu machen und die Rettung im Jodo erfahren können. Trotzdem ist er Vertreter der nihilistischen Literatur, sein Thema ist Mujokan, Nihilismus. In "Ōjo-yoshu" lehrt er "Enri Edo" (die Welt ist schmutzig, und man muß sie hassen). Er schildert sehr lebhaft die fürchterliche Situation der "Hölle" und den endgültigen Frieden des Jodo. Sein Gedanke, Enri-Edo, hatte einen sehr tiefen Einfluß auf die Menschen. So ist aber doch aus der Lehre der Rettung auch der Laien durch den Nembutsuglauben in bezug auf das religiöse Leben zumindest das Bewußtseinder Individualität geweckt worden, und damit ist auch die Bewegung Shinrans über Hōnen, der stark von Genshin beeinflußt war, vorbereitet worden.

Das Christentum hat sich aus Vorderasien nach Westen hin verbreitet und hatte zur Zeit Luthers eine 1 500-jährige Tradition. Der Buddhismus verbreitete sich vom Inneren Asien nach Osten und hatte zur Zeit Shinrans ebenfalls eine 1 500-jährige Tradition[6]. Während dieser 1.500 Jahre hat sich die Lehre des Christentums oftmals von der Verkündigung des Stifters entfernt. Christus hat niemals die Rettung durch Erfüllung des Gesetzes gelehrt, und der Kanon zeugt von der Interpretation erster Christen, die die Rettung durch den Glauben ohne Verdienst des Menschen

---

6 Die jap. buddhistische wissenschaftliche Gesellschaft erkennt die Theorie von Ui an, nach der Buddhas Lebensperiode von a. Chr. 466 - 386 reicht

lehrten. Zur Zeit Luthers war die christliche Lehre auf einem Höhepunkt gegenteiliger Entwicklung angelangt.

Das 15. Jahrhundert war ein frommes Jahrhundert. Das religiöse Bewußtsein der Menschen war wach, die Erbauungsliteratur prägte das Gebot der Gottesliebe, den Ernst der Sünde und die Pflicht zu guten Werken ein, die - so Stupperich - in den niederen Schichten als das einzig Notwendige angesehen wurde[7].

Auch im Buddhismus hat sein Stifter, Shaka, niemals die Rettung durch Askese zu verdienen gelehrt.[8]

Trotz des Kanons, in denen die Lehre von der Rettung durch die Gnade Amidas geschrieben steht, hatte sich bis zur Zeit Shinrans wie in der katholischen Kirche Europas der Verdienstgedanke in bezug auf die Rettung hoch entwickelt.

Nach einer langen Periode von Machtstreitigkeiten zwischen Thron und Altar hatte schließlich zu Luthers Zeit die Kirche in Europa die Macht auch über den weltlichen Bereich gewonnen, eine Macht, die dem Kaiser widerstehen konnte. Auch in Japan hatte der Buddhismus politische Macht erlangt. So sagt Kaiser Go Shirakawa, "über den Würfel, den Fluß Kamo und die Gewalt der Priester kann ich nicht verfügen".

Auch materiell waren die christliche und buddhistische Kirche sehr reich, reicher als weltliche Herrscher. In beiden Kirchen findet man daher das Phänomen, daß Adlige nach höchsten Ämtern der Kirche strebten, weil diese gleichzeitig Stellungen hoher weltlicher Macht waren[9]. Das miß-

---

7 Nach Stupperich, Geschichte der Reformation, S. 25

8 Buddha lehrt anātman, und seine Methode bestand im "mittleren Weg", weder Askese noch Genuß, d.h. "acht richtige Wege". N. Inazu, Indo tetsugaku shi. S.33, Tokyo 1953

9 Dazu gehört z.B. Albrecht v. Brandenburg, der Erzbischof von Magdeburg, der 1513 zudem noch Erzbischof von Mainz werden wollte. Um diese Absicht zu unterstützen, half ihm der Papst finanziell durch Ablaßeinkünfte

brauchte Amt der Kirche wurde zu einem Amt der theologischen
Polemik. In Japan wurde unter den einzelnen Orden der Kampf
um den theclogischen Einfluß mit aller Gewalt betrieben, auf
christlicher Seite sind da der Streit der Dominikaner und
Franziskaner oder jener bekannte Dunkelmännerstreit zu nennen.
Der Verfasser von "Shasekishu"[10] sagt angesichts der heftigen Streitigkeiten und Gewalttaten unter dem buddhistischen
Orden: "In unserer Zeit sind die Priester nur äußerlich. Ihr
Inneres und ihre Gespräche sind total abfällig. Es ist jetzt
eine traurige Zeit."

Der so hoch entwickelte Gedanke der Rettung durch den Verdienst des Menschen zeigt im Christentum und im Buddhismus
ein gemeinsames Phänomen. Im Christentum sind es die Laien
und Mönche, die die Forderungen der kirchlichen Lehre zu
ihrer Rettung sehr ernst nehmen und streng zu erfüllen versuchen. Ähnliches gilt für die Situation im Buddhismus[11].

Die hohen Geistlichen, die immer neue Forderungen an die
Gläubigen stellen, wirksam gemacht durch die Betonung der
Strafe Gottes bzw. der Möglichkeit, von der Rettung ausgeschlossen zu werden, nehmen in ihrer Lebenshaltung dieselben Forderungen nicht im verlangten Maße ernst. So konnte
die Situation entstehen, daß Menschen, die diese kirchliche
Lehre sehr ernst nehmen und mit aller Kraft die Forderungen
erfüllen wollten, aber immer nur auf den Zorn Gottes bzw.
die Unerfüllbarkeit der gänzlichen Lösung vom Bonnō (Beunruhigung des Geistes) stießen, an dieser Lehre schließlich
zweifeln mußten in ihre Unmöglichkeit aufdecken konnten.
Die unmittelbare Voraussetzung für die eigenen Wege, die

---

10 Shasekishu, von Muju, geschrieben 1283, buddhistische
   populäre LIteratur, in heutiger japanischer Schrift

11 Nach damaliger irriger Lehre in Japan gab es für den
   Laien keine Rettung, es sei denn, er übte Askese als
   Mönch oder bezahlte dem Tempel stattdessen hohes Geld

Luther und Shinran von ihrer religiösen Situation als Mönch zurück zur Quelle ihrer Religion gingen, ist gleich. Beide sind an der Lehre der Rettung durch eigenen Verdienst gescheitert.

II. Die neuen Interpretationen Shinrans

Shinrans entscheidende Gedanken finden sich in seinem ersten schriftlichen Werk, "kyo go shin sho"[12]. Für ein erstes Werk ist es sehr spät in seinem Leben entstanden; nach allgemeiner Beurteilung zwischen seinem 42. und 52. Lebensjahr, aber ganz natürlich, wenn man seinen Lebenslauf bedenkt, als Niederschlag seiner letzten Entwicklungsstufe. Dieses Werk, kyo go shin sho, umfaßt sechs Bände. Jeder Band behandelt ein anderes Thema, besser: eine andere Problemstellung, deren Lösung durch Hōnen und andere Vorläufer des Jodomon Shinran nicht recht verstehen konnte. Deshalb suchte er in diesem Werk neue, eigene Lösungen. Diese Lösungen haben ihren Wert nicht nur für den Jodomon-Buddhismus sondern für den gesamten Buddhismus erlangt.

Unter den Kanons, die von Amida handeln, versteht der Jodomon drei als die wirklichen Kanons, genannt "dai mu ryo ju kyo", "kan mu ryo ju kyo" und "Amida kyo". Bis zu Shinran bezogen die Lehrer des Jodomon ihre Kerngedanken, die die Rettung des Menschen betreffen, aus dem "kan mu ryo ju" Kanon (kyo). Shinran aber fand den klareren Text über die Rettung des Menschen im "dai mu ryo ju" Kanon (kyo). Die Entdeckung und das Begreifen dieses Textes, in dem der richtige Wille Amidas steht, haben ihn, so behauptet er, die neue Interpretation der Rettung finden lassen. Die beiden anderen Kanons "kan mu ryo ju kyo" und "Amida kyo" beurteilt Shinran als Gleichnisgeschichten, genannt "Hōben"[13]. Von dieser Perspektive aus fand Shinran das Mißverständnis in der Lehre von

---

12 Kyo go shin sho: Lehre Werk Glaube Satori
13 Hōben: Sanskr. upaya, Mittel.Notbehelf für das Verständnis des Dharma

Amida, dem die Zeitgenossen, Lehrer und Vorläufer des Jodomon verfallen waren.

Die neuen Lösungen der Probleme, d.h. die neuen Interpretationen Shinrans sind folgende:

(1) Amida anzurufen, bedeutet nicht, das einzige und gültige Werk zu vollbringen, durch das die Menschen gerettet werden können, sondern die Anrufung Amidas geschieht aus Dank für seine angebotene Rettung.

(2) Der richtige Glaube ist nicht der, der in "shi shin, jin shin, ekō hatsu gan shin"[14] (das richtige, reine Herz, das Herz des tiefen Glaubens, der Wunsch, ins Jenseits zu gehen) im Kanon "kan my ryo ju" gemeint ist, sondern der sich in "shi shin, shin gyo, yoku sho"[15] (das Herz der Wahrheit, der frohe Glaube, der Wunsch, im Jōdo wiedergeboren zu werden) im Kanon "dai mu ryo ju" findet. Obwohl man in der wörtlichen Übersetzung den Unterschied zwischen "shi shin, jin shin, ekō hatsu gan shin" und "shi shin, shin gyo, yoku sho" nicht finden kann, liest Shinran aus letzteren Begriffen die Passivität des Menschen vor Amida, so wie Luther die Passivität des Menschen vor Gott in bezug auf die Gerechtigkeit "entdeckte": die Menschen werden gerechtfertigt durch den Glauben, den aber Gott selbst in ihnen wirkt. Und Shinran: die Menschen können das Herz der Wahrheit nur durch den Glauben bekommen, diesen Glauben aber wirkt Amida in ihnen[16]. (Vgl. IV 2a, V I)

(3) Jōdo, die saubere Erde, bedeutet nicht ein Land im Westen, sondern es ist als abstraktes "Gebiet" anzusehen.

---

14 至心, 深心, 廻向発願心
15 至心, 信楽, 欲生
16 nach: shin kan S. 191-200. Zitat von "Kyo go shin sho", von jetzt bis VII, ōtani Ausgabe

(4) Ebenso ist Amida nicht als Herr dieses Landes zu verstehen, sondern er hat keine Gestalt, ist nicht Person.

(5) Die Wiedergeburt im Jenseits ist nicht in Wirklichkeit ein Problem des Lebens nach dem Tode, sondern durch den Glauben ist man wiedergeboren und damit im Jodo, auf der sauberen Erde.

(6) Wirkliches "Satori" bedeutet: durch Amida gelangt der Mensch durch den Glauben zur Freiheit vom menschlichen Kummer in dieser Welt.

(7) Schließlich bedeutet Jōdo: der Seinsraum, in dem der Mensch als Wiedergeborener durch den Glauben lebt, d.h. ein Gleichnis dafür, daß der Mensch durch die Gnade Amidas ein Buddha wird.

Durch diese Interpretationen Shinrans ist die Charakterisierung des Jōdo-Buddhismus stark verändert und lebendig geworden. Bis zu Shinran war der Tenor: die unsaubere, wirkliche Welt zu verlassen, sich loszulösen und zu wünschen, im jenseitigen Jōdo wiedergeboren zu werden. Aber durch Shinran ist der Jōdo-Buddhismus eine gegenwartsbezogene, weltbezogene, aktive Religion geworden, in der der Mensch seine Freude über die angebotene Rettung durch Amida im Leben finden und beweisen kann.

Die Wurzel für die neuen Interpretationen Shinrans liegt in seinem Glaubensbegriff. Die Erklärung des Glaubens findet er als Ziel seines Werkes, "kyo go shin sho", den Ausgangspunkt zu seinem Glaubensverständnis aber findet er in der neuen Interpretation von "ekō", im Verhältnis zu dem der Mensch passiv ist, so wie - nach Luther - der Mensch gegenüber der iustificatio passiv ist.

III. Der Entwicklungsprozeß Shinrans im "san gan ten nyu"

(1) Der Drei-Stufen-Prozeß der religiösen Entwicklung, genannt "san gan ten nyu", vom Meritgedanken zum Glauben:

(a) Die Bedeutung von "san gan ten nyu"

Der Grund, daß die Lehre Shinrans an sein Leben anknüpft, liegt darin, daß er sie als Notwendigkeit in seinem Leben entdeckt hat und nicht etwa als Philosophie oder metaphysische Spekulation. Im "kyo go shin sho" legt er dar, daß es einen Drei-Stufen-Prozeß, "san gan ten nyu" gibt, der geradezu gesetzmäßig von dem Versuch, Rettung durch eigene Leistungen zu verdienen, zur Erkenntnis der Rettung aus Glauben allein führt.

An Shinrans innerer Entwicklung läßt sich der Prozeß deutlich ablesen: als erste Stufe gilt die Zeit, in der er vom 9. bis zum 29. Lebensjahr als "dōsō"[17] versuchte, in seinem Orden die Bedingungen für die Rettung zu erfüllen.

Während der zweiten Entwicklungsstufe hat er, jetzt getrennt von seinem Orden, die Lehre Hōnens akzeptiert und zu verstehen versucht, also die Lehre von der Rettung durch ein einziges Werk "Nembutsu"[18]. In eben der Zeit bemühte er sich auch um die Gedanken der Vorläufer des Jōdo-Buddhismus.

Als dritte Stufe gilt die seiner weiteren Entwicklung, nachdem er sich von Hōnen wegen politischer Unterdrückung getrennt hatte, bis zu seinem Tod. In dieser Zeit entwickelte er seine eigenen Gedanken.

---

17 dōsō: niederer Priester
18 Nembutsu: Anrufung des Namens Amidas

Shinran hat aber diese seine innere religiöse Entwicklung, die in der Lehre des "san gan ten nyu" ihren Niederschlag fand, nicht als nur seine Erfahrung dargestellt, sondern als Schicksal der geistigen Entwicklung des religiösen Menschen, als Prozeß vom Zustand des Selbstvertrauens zum Zustand der Selbstverneinung.

(b) Der Inhalt von "san gan ten nyu"

Der Kanon "dai mu ryu ju kyu"[19] enthält 48 gan (Wünsche) oder sei gan (Schwüre/Wünsche) Amidas. Diese Wünsche bzw. Schwüre/Wünsche wiederum enthalten die Bedingungen für die Rettung des Menschen, die Amida aber schon selbst erfüllt hat.

Für Shinran ist der 18. Wunsch der Extrakt aller Wünsche und Schwüre/Wünsche, nämlich: Amida hat für die Menschen und anstelle der Menschen die Bedingungen der Rettung erfüllt. Das bedeutet, der Mensch wird nur durch den Glauben, genauer, durch fremde Kraft, gerettet. Zu diesem Gedanken, der Rettung allein durch den Glauben, fand Shinran aber nicht plötzlich, sondern über den 19. Wunsch, d.h. über den Wunsch, Rettung durch eigene Leistungen zu verdienen. Weil dieser Versuch, den 19. Wunsch zu erfüllen, scheiterte, gelangte er zu den Gedanken des 20. Wunsches, Rettung teils durch eigene teils durch fremde Kraft zu erfahren. Erst dann fand er zur Erkenntnis der Rettung allein durch den Glauben zum 18. Wunsch.

Diese Widersprüche in den Wünschen Amidas haben den Sinn, den Menschen zur Erfahrung des Scheiterns zu begringen, wenn sie aus eigener Kraft gute Werke zu ihrer Rettung tun wollen, und sie so zur Selbstver-

---

19 Große, absolute Tugend Amidas

neinung zu treiben, die die Voraussetzung dafür ist, sich
von Amida, von fremder Kraft, retten zu lassen.

Shinrans Erklärungen zu "san gan ten nyu" beginnen mit
dem Hinblick auf seinen Entwicklungsprozeß: "Indem ich
die Interpretation von "Tenshin"[20] nachprüfte, und durch
den Einfluß von "Zendō"[21] habe ich mich von "ka mon"
(Illusionstor) 19. Wunsch), nach dem man durch ver-
schiedene gute Werke gerettet werden kann, losgesagt
und gelangte zu "shin mon" (richtiges Tor/Lehre)(20.
Wunsch) zum wunderbaren Glauben.
Jetzt bin ich von "Shin mon" ohne Zurückhaltung in den
Gedankenkreis des richtigen Glaubens eingetreten, der
das eigentliche Ziel der 48 Wünsche enthält, nämlich:
Rettung durch absolutes "tariki"[22] zu erreichen.
Wirklich, der vollkommene Schwur (18. Wunsch) ist der
Kern!"[23]

Der 19. Wunsch Amidas:
"Wenn ich Buddha werde, hole ich mit den anderen
(Buddhas) diejenigen in ihrer Todesstunde ins Jodo,

---

20 Tenshin: = Seshin, chines. Ti'entsin = Schi tsin,
Übersetzung von Vasubandhu (375-455 in Indien).
"Ching t'u lun" (Chines. von Sanskr.) ist sein
Hauptwerk. Es besagt, daß Jodoismus der leichtere
Weg zur Rettung sei

21 Zendō: Chines. Shan taos (613-681 in China). Jodoismus hatte durch ihn einen Höhepunkt in China erreicht. Sein Gedanke hatte nicht nur auf Shinran,
sondern auf alle japanischen Jodoisten Einfluß

22 Tariki: fremde Kraft

23 ke shin do kan S. 543

die das Herz des "Bodai"[24] haben, die verschiedene gute Werke tun, die das Herz der Wahrheit zu haben wünschen und die in meinem Land, im Jodo wiedergeboren werden wollen. Wenn ich es nicht fertigbrächte, würde ich kein echtes Satori erfahren"[25].

Der 20. Wunsch Amidas:
"Wenn ich Buddha werde, lasse ich im Jodo diejenigen wiedergeboren werden, die von meinem Namen gehört haben und nach meinem Land verlangen, die ihre guten Werke ins Jodo überweisen, die meinen Namen als den Grund der verschiedenen guten Werke anrufen und die in meinem Jodo geboren werden wollen. Wenn ich es nicht fertigbrächte, würde ich kein echtes Satori erfahren".[26]

Zwischen dem 19. und 20. Wunsch bestehen drei Unterschiede:

(1) Im 19. Wunsch findet sich nicht die Forderung nach "Nembutsu".

(2) Im 19. Wunsch erkennt Amida ein Herz des "wahren Weges", nämlich zum Satori zu gelangen, und verschiedene gute Werke als Grund der Rettung an. Das bedeutet Denkweise, durch eigene Kraft gerettet, d.h. Buddha zu werden.

(3) Der Gedanke der Abholung in der "Todesstunde" fehlt im 20. Wunsch.

Shinran lehnt diesen letzten Gedanken ab, weil nach seiner Meinung die Menschen, die durch den Glauben gerettet werden, schon neu geboren sind.

---

24 bodai: sankr. bodhi, Weisheit zum Satori Buddhas
25 keshin do S. 470 - 71
26 keshin do S. 518 - 19

"Der Mensch mit reinem, gläubigem Herzen lebt, wenn
sein Glaube in Amidas Lehre fest gegründet ist, weil
Amida niemanden, der an ihn glaubt, verlassen will"[27].

Den 20. Wunsch interpretiert Shinran als "jiriki in tariki",[28] das bedeutet, die guten Werke werden teils durch eigene, teils durch fremde Kraft, nämlich die Amidas, getan. Der Anteil des Menschen an den guten Werken, die aus Nembutsu hervorgehen, besteht eben in Nembutsu. Diese aus Nembutsu entstehenden guten Werke muß man ins Jodo überweisen, das bedeutet "ekō"[29].

Auf diesen 20. Wunsch gründet sich die Lehre Hōnens, nämlich, das einzig notwendige Werk zur Rettung ist Nembutsu.

Der 18. Wunsch Amidas:
"Wenn ich Buddha werde, werden diejenigen in meinem Jodo geboren, die mit dem Herzen der Wahrheit, fröhlichem Glauben und dem Wunsch, im Jodo wiedergeboren zu werden (shin shin, shin gyo und yoku sho) meinen Namen anrufen. Aber nur die Verbrecher der fünf ärgsten Sünden[30] und die Lehrer, die absichtlich die Lehre vom Dharma verfälschen, sind ausgeschlossen."[31]

Dieser Wunsch Amidas fordert die Frage heraus, wie man solches Herz bekommt. Bis zu Shinran blieb man in der Interpretation bei dem Gedanken des Meritum, zumindest bei dem Gedanken, durch ein einziges Werk solches Herz zu bekommen.

---

27 1. Brief von Mitōsho, S. 594, ōe u. ōhara, shinshuseiten
28 Mitōsho, S. 595
29 ekō : vgl. S. 42
30 die 5 Sünden sind: Muttermord, Vatermord, Priestermord, Brechen der Priestergelübde, Verletzung eines Buddhas
31 Shinran S. 155

Shinran setzt bei dieser Frage die Rettung durch Amida, durch den Glauben allein an. Und der Glaube ereignet sich, indem Amida den Menschen glauben läßt. Der Mensch ist bei diesem Geschehen passiv. Shinran legt in der Erklärung von "Shi shin, shin gyo, yoku sho" dar, daß sie die Rettung aus Amidas Gnade durch den Glauben allein bedeuten.[32]

Aber der Glaube richtet sich nicht sofort auf den 18. Wunsch, der allein die Möglichkeit für die Rettung enthält; die erste Glaubensstufe, genannt "ki hō ni shu jin shin" ist der Glaube an die eigene Sündigkeit und daran, daß Amida wahr ist. Diese erste Glaubensstufe erreicht man durch das totale Scheitern bei der Bemühung, die Bedingungen des 19. Wunsches zu erfüllen.

IV. Shinrans Entwicklung im Vergleich zu der Luthers

Es wurde schon im Zusammenhang mit der Lehre von "san gan ten nyu"[33] dargestellt, daß sich die Entwicklung Shinrans in drei Stufen vollzog. Hier sollen sie noch einmal neben dem Entwicklungsgang Luthers aufgezeigt werden.

Die erste Stufe durchlebte Shinran im Kloster auf dem "Hiei Berg". Dort scheiterte er schließlich bei dem Versuch, durch eigene Kraft und gute Werke die Bedingungen für seine Rettung zu erfüllen, die er im 19. Wunsch Amidas zu finden glaubte. Dieselbe Erfahrung des Scheiterns an der eigenen Kraft und Fähigkeit machte Luther in seinen ersten Jahren im "Schwarzen Kloster" zu Erfurt. Für beide endete die Bemühung, nach der Regel ihrer Orden die Rettung selbst zu verdienen, in einer geistigen Katastrophe.

---

32 shin kan S. 191 - 212
33 vgl. III S. 15

Die zweite Stufe vollzieht sich bei beiden unter dem
mehr oder weniger starken Einfluß eines Lehrers. Shinran wird Hōnens Schüler. In dieser Zeit dringt er
zur Erkenntnis von "ki-hō ni-shu jin-shin" vor.[34]
Luther gerät unter den Einfluß der Gedanken seines
Beichtvaters Staupitz und findet die Bedeutung und
rolle der humilitas im Prozeß der Rettung des Menschen.

Während der dritten Entwicklungsstufe sind beide auf
sich selbst gestellt. Shinran trennt sich von seinem
Lehrer Hōnen und entwickelt schließlich die Lehre von
"drei Glauben im Herzen", die Lehre von der Rettung
durch Amidas Gnade allein durch den Glauben.

Luther macht im Turm des Klosters seine maßgebliche
exegetische Entdeckung von Röm. 1,17 und hat damit zu
seiner Lehre, iustificatio sola gratia, sola fide gefunden.

(1) Die Katastrophe Shinrans, die Zeit der Anfechtung
    Luthers

a) Shinran im Kloster auf dem Hiei Berg

In jener Zeit lernte Shinran die Bedeutung des 19. Wunsches Amidas verstehen, die nämlich im Verzicht auf die
eigenen Bemühungen in bezug auf die Rettung besteht.
Durch die Herausforderung, die Bedingungen des 19. Wunsches zu erfüllen, bietet Amida den Menschen die Gelegenheit der Erkenntnis der eigenen Unfähigkeit und damit
die der Selbstverneinung an. "Jiriki" bedeutet, durch
eigene Kraft Buddha zu werden.[35] Buddha hat keien negativen Seiten, sondern er ist absolut heilig, absolut
positiv. Nach den Gedanken des Shodomon[36] bedeutet

---

34 ki-hō ni-shu jin-shin: das Herz des zweiartigen
   Glaubens
35 jiriki: Die Erfüllung der Lehre Shakas durch eigene
   Kraft
36 Shodomon: Shaka-Buddhismus

Buddha zu werden: der Mensch hat eigentlich die ganze Buddhaheit, aber er findet in sich mehr negative Seiten als positive (Buddhaheiten) und lebt deshalb in dauerndem Kummer. Dieser Kummer und die negativen Seiten des Menschen sind darauf zurückzuführen, daß er von Ewigkeit an von der Wahrheit getrennt ist. Wenn er die Wahrheit wiederentdeckte, könnte er sich von seinem Kummer und diesen negativen Seiten befreien, er hätte dann nur Buddhaheiten und könnte Buddha werden. Diese Wahrheit hat Shaka entdeckt und den Menschen gezeigt.[37]

Shinran hat mit neun Jahren seinen Dienst im Kloster begonnen und diente bis zu seinem 29. Lebensjahr als dōsō. Er selbst erzählt nichts über den Grund, aus dem er den Orden verlassen wollte. Man findet nur die kurze Notiz, "dieser dumme Priester Kahlkopf"[38] hat die Erfüllung der geforderten Werke aufgegeben und ist zur Lehre Amidas bekehrt worden."[39]

Noch eine weitere Nachricht über Shinran in dieser Zeit findet sich im "eshinni monsho" seiner Frau: "Nachdem er vom Berg herabgekommen war, schloß er sich hundert Tage im Rokkaku-Tempel ein und betete für sein künftiges Leben. Dann bekam er den Hinweis von Shotokutaishi[40],

---

37 In der Auffassung, was die Wahrheit sei und wie man sie erreicht, was der Kern der Lehre Shakas ist, darin unterscheiden sich die Begründer der verschiedenen Orden
38 Gutcku, Spitzname, den Shinran für sich selbst benutzte
39 Keshindo S. 668
40 Shotokutaishi: (574-622 in Japan), Kronprinz. Er stellte die erste japanische Verfassung auf und schuf soziale Einrichtungen. Seine politischen Gedanken sind tief mit dem Buddhismus verknüpft. 3 Kommentare für Vimalakīrti Sūtra, Saddharma pundarika Sūtra und Vimalakirti Sūtra

morgens am 15. September Hōnen zu besuchen, um sein Leben unter dessen Führung zu stellen. Er hat Hōnen besucht."[41] Daraus läßt sich noch nicht der Anlaß entnehmen, aus dem Shinran seinen Orden verließ. Aber seine Frau schreibt weiter in einer Geschichte Shinrans in dieser Zeit, er habe in verschiedenen Fällen betont, "die Wolken der Begierde wurden von den Wolken des Wahnes zugedeckt", oder "Ach, dummes Ich, du versinkst in dem tiefen Meer der Begierde und wanderst auf dem weltlichen Berg. Du solltest dich anschauen und traurig sein".

Er zog sich nochmals in den Rokkaku-Tempel zurück, um das Problem der Heirat zu lösen. Am hundertsten Tag erhielt er die Lösung durch "kannon bosatsu", den Boten Amidas, nämlich: "wenn du durch deine Natur das Zölibatgelübde brechen mußt, werde ich meine Gestalt in die einer schönen Frau wie ein köstlicher Edelstein verwandeln, und ich werde deine Partnerin. Und wenn du stirbst, bringe ich ich in das heilige Land".[42]

Aus diesen Quellen schließt man, daß der Anlaß für Shinran nicht ein Konflikt mit der Lehre war, sondern seine Ungewißheit oder Hoffnungslosigkeit, durch die Erfüllung des Gesetzes Rettung zu erlangen.

Er hat zwanzig Jahre in seinem Kloster gedient. Das Leben eines dōsō war sehr streng. Es gibt auch heute noch immer keine Möglichkeit in diesem Kloster, auch nur ein bißchen nachlässig in der Erfüllung des Gesetzes zu sein.

---

41 Eshin-ni mon-sho S. 642

42 Shinran-den-ne, Godensho, S. 1065

Wer das Gesetz übertritt, muß sofort den Orden verlassen. Zwanzig Jahre zu dienen zeigt also, daß Shinran sehr ernst und streng die Bedingungen für die Rettung erfüllt hat.[43] Er hat bis zur Katastrophe versucht, seine Zweifel an der Rettung durch gute Werke zu entschärfen. Er hat zwei mal hundert Tage in Klausur gegen seine Zweifel gekämpft. Hätte er mit seinem Problem nicht bis zur Katastrophe gerungen, so hätte er sich nicht zur nächsten Stufe hin entwickeln können, sondern wäre ein Verlierer auf dem Gebiet der Religion geworden.

Die Bedeutung dieser Zeit für Shinran besteht darin, daß er die durch meritum unauslöschbaren Seiten des Menschen erkennen mußte und verstehen lernte, daß die wirkliche Rettung durch Buddha unverfügbar war im Gegensetz zu der Rettung, die sich - nach der Lehre seines Ordens - durch die Erfüllung des Gesetzes erreichen ließ. Er hatte zwar vor den Menschen heilig gefunden werden können, weil man die, die das Gesetz erfüllten, heilig nannte, aber er wußte, daß er noch immer unrein war, während er das Gesetz erfüllte.

Die Bedeutung der Zeit auf dem Hiei Berg für Shinran ist dieselbe wie die, die die Zeit im Augustiner Kloster zu Erfurt für Luther gehabt hat. Auch Luther fehlte die Gewißheit, den Wohlgefallen Gottes zu erlangen,

---

43 "Es ist nicht zu bezweifeln, daß das Kernproblem Shinrans sexuelle Begiere war. Alle Sexualität war für die Mönche verboten, und im Gesetz des Mönches steht streng, wenn ein Mönch dieses Verbot verletzt, muß er vom Orden vertrieben werden" (Akamatsu, Shinran, S. 59 - 60)

obwohl er als ein guter Mönch die Forderungen seines Ordens auf das Genaueste erfüllte. Vor allem zweifelte er daran, daß er zu den Erwählten gehörte. Auf einem Höhepunkt seines Kampfes gegen den Zweifel mußte er in einem Brief schreiben, "o, meine Sünde, Sünde, Sünde"[44]. Das ist nichts anderes als eine Katastrophe im Konflikt der Rolle des Meritgedankens in bezug auf Rettung. Wenn man nicht so streng und ernst diesen Gedanken durchprobiert, kommt es zu keinem Widerspruch und Bruch mit dieser Lehre.

Für Luther war dieser Bruch notwendig, um zu erkennen, daß das Finden der Gnade Gottes mit der Sündigkeit des Menschen beginnt. So gelangte Luther zu seiner zweiten Entwicklungsstufe, den Gedanken über die humilitas. Humulitas entspricht der Interpretation des 20. Wunsches Amidas bei Shinran. Die zweite Stufe Shinrans zwischen dem Bruch mit der Lehre seines Ordens und der Erkenntnis der Rettung durch Glauben allein heißt im Jodo-Buddhismus "ki-hō ni-shu jin-shin".

Den Unterschied zwischen dem 19. und 20. Wunsch Amidas kann man auch folgendermaßen darstellen:
In seiner ersten Stufe versucht der Mensch durch "jiriki" (eigene Kraft), d.h. durch die Vernunft, das Absolute zu erreichen, Buddha zu werden. Der Gedanke von "jiriki" bezeugt, daß der Mensch die Kraft, zumindest aber die Möglichkeit, Buddha zu werden, hat. So ist das Absolute das Ziel oder der Gipfel, den der Mensch erreichen kann. Das Absolute bedeutet die absolute Güte, und diese steht in Analogie zu der Güte des Menschen. Zu dieser Güte

---

44 J. Boehmer, Der Junge Luther, S. 110

steigen die Menschen hinauf. Der Maßstab dafür, ob sie
einige Stufen höher gelangt sind, besteht in den guten
Werken. Die sichtbaren guten Werke des Menschen sind
aber nur scheinbar und relativ gut, weil sie unter dem
Zwang des Gesetzes entstanden sind. Außerdem hat die
Tat der guten Werke die Gefahr des Gedankens, Belohnung,
d.h. Rettung zu verdienen. Beide, der Katholizismus zur
Zeit Luthers und der Shodo-Buddhismus zur Zeit Shinrans
sind diesem Fehler verfallen. Eigentlich lehrt Shaka
(und auch Christus) nicht, daß man durch die Erfüllung
des "binaya" (nomos)[45] die Rettung erlangt, sondern, da
man ein solches Leben gemäß dem "binaya" (nomos) führt,
nachdem man erleuchtet worden ist, d.h. als Frucht des
Glaubens.

Bei Luther ist dieser Gedanke so gefaßt: sola gratia,
sola fide bekommt der Mensch die iustitia Christi. Dann
will er mit Freude das Gebot erfüllen, und seine Tagen
sind nur die guten Früchte, so wie ein Zweig gute Früchte
bringt, der aus einem guten Baum hervorgegangen ist.

Ein Mensch hat gleichzeitig Vernunft und Unvernunft,
positive und negative Seiten. Nach menschlichem Urteil
hätte Shinran durch die Erfüllung des Gesetzes Selbstbejahung verdient, aber er fühlte in sich beständig
seine negativen Seiten. Um sie auszulöschen, erfüllte er
immer strenger das Gesetz. Lange Zeit hat er diesen end-
losen Versuch im Kreis wiederholt. Schließlich mußte er

---

[45] binaya: das Gesetz, das erfüllt werden muß, um die
Buddhaschaft zu erreichen.
Ursprünglich: das Gesetz, das Shaka den Priestern
gegeben hat

erkennen, daß sein Ziel, die absolute Güte, außerhalb seines Erreichens blieb und daß diese absolute Güte "Er" sei. "Er" aber steht nicht in Analogie zum Menschen. Diese Erkenntnis ließ ihn an der Rettungslehre seines Ordens gründlich zweifeln, und er trennte sich von ihm.

b) Die Zeit der Anfechtung Luthers im Kloster

Luthers Kernproblem in der Klosterzeit wird allgemein beschrieben als der Zweifel daran, durch gute Werke Gottes Wohlgefallen zu erlangen.
Luther versuchte die geforderte Liebe zu Gott aufzubringen, die auf dessen Barmherzigkeit antworten sollte. Er hat streng befolgt, was sein Orden ihm gebot, um unter dem Bewußtsein dieser Liebe zu Gott zu verbleiben. Aber allmählich setzte sich bei ihm die Gewißheit durch, daß die Wurzel des Wunsches, Gott zu lieben, in der Selbstsucht des Menschen liege. Auch durch die Beichte ist es ihm nicht gelungen, das Bewußtsein seiner Gerechtigkeit vor Gott zu bekommen. Obwohl aber seine Sünde immer vor ihm stand, konnte er keine echte neue aufbringen, nur attritio.
Er fand also heraus, daß solche Methoden, wie die von seinem Orden geforderten, auf der Selbstbehauptung des Menschen vor Gott gründen.
Was war der eigentliche Grund für den Kummer Luthers? Es war der Fehler der damaligen katholischen Lehre, nämlich der Gedanke, durch meritum die Sache Gottes zu rauben. Wenn man so streng die Gewißheit der Vergebung der Sünde sucht wie Luther, darf man mit meritum gar nichts vor Gott schaffen wollen. Luther hat versucht, sich selbst zu bejahen und vor Gott zu behaupten. Aber der Luther, der mit seinen Werken zu Gott kam, hat in

ihm keine Barmherzigkeit gefunden sondern nur Zorn.
So endete der Versuch Luthers, durch meritum gerecht vor
Gott zu werden und der Shinrans, durch "jiriki" Buddha
zu werden, bei beiden der Versuch, sich nach oben zu
erheben, in einer Katastrophe.

(2) "Jin-shin" bei Shinran und "humilitas" bei Luther

Obwohl Shinran bei den Gedanken des 20. Wunsches Amidas,
auf den die Lehre Hōnens gegründet ist, nicht lange verweilte, hat er in ihnen einen wichtigen Hinweis für den
Gedanken der Rettung durch Amida gefunden. Shinran hat
"jin-shin", den Gedanken Zendōs[46], in seiner Existenz
erfahren und ist dadurch zur Erkenntnis der Rettung
durch Glauben allein gedrungen.
Luther fand in der Erkenntnis der Bedeutung der
humilitas eine vorläufige Lösung seines Problems, vor
Gott gerecht zu sein. Zu dieser Erkenntnis gelangte er
durch den Einfluß seines Beichtvaters Staupitz, und in
der Zeit der ersten Psalmenvorlesung 1513/14 wurde ihm
die Rolle der humilitas im Zusammenhang mit der iustitia
dei klar. Aber er fand noch nicht zur iustificatio sola
fide.

a) "hin-shin" bei Shinran

In seiner Erklärung von "san gan ten nyu" sagt Shinran:
"Nachdem ich die Lehre von "ka-mon"[47] d.h. vom 19. Wunsch
Amidas verarbeitet hatte, bin ich durch den Hinweis
Zendōs zur Lehre des "shin-mon"[48] d.h. des 20. Wunsches
Amidas gelangt"[49].

---

46 Zendō: vgl. Anm. S. 19
47 "ka-mon": Illusionstor/Lehre
48 "Shin-mon" richtiges Tor/Lehre
49 keshindo S. 518-19

Zendō hat durch den Einfluß des "kan gyo sho" (chines. kuan king su), ein Kommentar zum "kan mu ryo ju" kanon, seine Lehre über den Glauben gebildet. Obwohl seine Gedanken eine einheitliche Glaubenslehre bilden, genannt "ki-hō ni shyu jin shin"[50], ist er doch wiederum der Denkrichtung der Rettung durch meritum verfallen, und auch Hōnen blieb in der Lehre von der Rettung durch ein einziges Werk, Kembutsu stecken. Nur Shinran allein hat die Bedeutung des "ki-hō ni shyu jin shin" als Prozeßstufe zur Rettung durch den Glauben allein begriffen, so wie Luther humilitas als Prozeßstufe zur iustificatio begriff.

Über den Grund, aus dem Shinran nach Verlassen seines Ordens Hōnen zu seinem Lehrer wählte, sagt er selbst: "Ich hatte keinen besonderen Grund, außer, daß ich daran geglaubt habe, was dieser gute Mann sagt, nämlich, daß man durch Nembutsu allein, durch die Hilfe Amidas gerettet werden kann."[51]

Seine geistige Situation damals spiegelt sich in folgendem Zitat: "Die Hölle war für mich bestimmt, weil ich keine Werke für die Rettung tun konnte."[52]

Wenn Shinran sich nicht wegen der Unterdrückung durch die Regierung, Verbannung nach Echigo, von Hōnen getrennt hätte, wäre er wohl dessen Lehre verhaftet geblieben. Seine Hochachtung gegenüber Hōnen ließ ihn sagen: "Ich würde nicht bereuen, auch wenn ich von Hōnen betrogen worden wäre und in die Hölle gefallen."[53]

---

50 ki-hō ni shyu, jin shin: für die Gelegenheit zur Rettung und Dharma gibt es zwei Arten von tiefem Glauben
51 Tannisho, ōe u. ōhara, shinshūseiten, S. 620
52 Tannisho, S. 620
53 Tannisho, S. 620

Shinran war froh darüber, daß Hōnen seine Gedanken bestätigte, während die anderen Schüler diese als falschen Stolz ansahen und ihn vor Hōnen streng kritisierten.[54]

Obwohl Shinran sich sehr intensiv mit der Lehre Hōnens beschäftigt hatte, erfuhr er den entscheidenen Einfluß für seine weitere Entwicklung durch Zendōs "ki-hō ni shyu jin shin". Mit 33 Jahren bekam er die Erlaubnis, Hōnens Hauptwerk "sen jaku hongan nembutsu shu"[55] zu lesen und abzuschreiben. Zwei Jahre später mußte er sich von Hōnen trennen; daher ist es denkbar, daß er nach der Trennung die Kommentare für "kan mu ryu ju" von Zendō gelesen hat, von denen Hōnen beeinflußt war, um dessen Werk besser zu verstehen.

Interessanterweise kann man durch die Bedeutung des Namens eines japanischen buddhistischen Priesters seine Gedanken oder seine Beeinflusser finden. Shinran hat dreimal seinen Namen gewechselt, (dazu hatte er einen Spitznamen). Shinran ist sein letzter Name, der sich von Ten-shin und Don-ran herleitet. Vorher benutzte er "Zen-shin", hergeleitet von Zendō, was "gerecht" (zen) und "Glauben" (shin) bedeutet. Daran läßt sich nachweisen, daß Shinran in der Zeit, in der er diesen Namen benutzte, unter Zendōs Einfluß stand. Der Zeitraum ist nicht sicher bekannt; wahrscheinlich handelt es sich um die Zeit nach der Trennung von Hōnen bis zu seiner Schrift "kyo go shin sho".

Shinran sagt über Zendō, "nur Zendō allein hat den wirklichen Willen Buddhas klar gemacht."[56]

Zendō hat zwei Dinge dargestellt, zum einen, daß nur die Anrufung Amidas das gültige Werk für die Rettung sei,

---

54 Tannisho, S. 638
55 Auswahl von Lehren über Jodo und Nembutsu
56 gyokan, S.144

zum anderen, daß es zwei Arten des tiefen Glaubens gibt: "ki-hō nishu jin shin", den Glauben an die Sündigkeit des Menschen und an die Gnade Amidas. Er schrieb die "kan gyo sho", vier Kommentarbände zum Kanon "kan mu tyo ju". Im vierten Band, "san zen gi"[57], im Teil über "san shin syku"[58] legt er "shi shin, jin shin, ekō-hatsuganshin"[59] aus. Sein Zentralgedanke aber besteht in der Interpretation von "jinshin". "jinshin, das tiefe Herz, bedeutet das Herz des tiefen Glaubens. Der Glaube hat zwei Seiten, eine Seite bezieht sich auf den Menschen. Der Mensch muß ohne Zweifel und tief daran glauben, daß er ein wertloser Mensch in einer sündigen Welt ist, daß er keine Gelegenheit der Befreiung hat und von ewig her immer untergeht in der Sündigkeit und sich immer im Kreis befindet."

Die andere Seite des Glaubens bezieht sich auf das Dharma:[60] " Der Mensch muß ohne Zweifel und tief glauben, daß Amida die Menschen gemäß jenen 48 Wünschen retten will, und daß man sich an die Gnade Amidas ohne Zweifel, ohne Zurückhaltung hängen soll und so sicher im Jodo wiedergeboren wird". "ki"[61], das in der Interpretation des "jinshin" Zendōs erklärt ist, hat für Shinran dieselbe Bedeutung wie humilitas für Luther: "ki" bedeutet für Shinran nichts anderes als die Erkenntnis der Sündigkeit, Verzicht auf die eigenen

---

57 san zen gi: die Einteilung der guten Werke (chines. san schan i)
58 san sin syaku: die Bedeutung der drei Herzen (chines. san sin schi)
59 das Herz der Wahrheit, das Herz des tiefen Glaubens, das Herz mit dem Wunsch, in Jodo geboren zu werden.
60 Dharma für den Jodo-Buddhismus bedeutet "Gnade Amidas"
61 "ki": Gelegenheit, Anfang einer Änderung

Leistungen in bezug auf die Rettung, Erkenntnis der Selbstsucht und Eigenliebe. Aber in der Interpretation von "jinshin" in bezug zur Gnade Amidas vertritt Shinran eine andere Position als Zendō und Hōnen.

b) Humilitas bei Luther in der ersten Psalmenvorlesung

Der Schlüssel für den Entwicklungsprozeß, wie Luther von der Anfechtung in der Klosterzeit zur Erkenntnis der iustificatio gelangen konnte, liegt in den Gedankengängen der ersten Psalmenvorlesung.
Obwohl man sich nicht einig darüber ist, wann das sogenannte Turmerlebnis zu datieren sei, und ob Luther die exegetische Entdeckung in Röm. 1,17,16 vor, während oder nach der ersten Psalmenvorlesung gemacht habe, läßt sich jedenfalls sagen, daß er diese seine neuen Gedanken in der Vorlesung noch nicht benützt hat.[62] Nach dem Urteil E. Bizers ist die Entdeckukng von iustificatio, die in der Vorrede Luthers von 1545 gemeint ist, ungleich der Interpretation von iustitia dei in der ersten Psalmenvorlesung.[63]

In der ersten Psalmenvorlesung besteht der Schluß Luthers im Versuch, die iustitia dei zu interpretieren in humilitas. Iustitia dei ist oder besteht in der humilitas. Humilitas spielte für Luther die Rolle des Übergangs zum Begriff der iustitia dei in der Römerbriefvorlesung, die dort als iustificatio gefaßt ist. Wenn sich in der Römerbriefvorlesung der Begriff humilitas findet, so ist damit eine Grundvoraussetzung für die iustificatio gemeint, humilitas ist also als Glied in dem Prozeß der iustificatio verstanden.

---

62 Vorrede Luthers von 1545
63 Zu diesem Schluß kommt Bizer in seinem Kapitel über die erste Psalmenvorlesung in "Fides ex auditu", abgedruckt in: der Durchbruch der reformatorischen Erkenntnis bei Luther.

Damit ist deutlich, daß Luther von seiner Anfechtung
über die vorläufige Lösung des Problems der iustitia dei
durch den Gedanken der humilitas zur endgültigen Lösung,
der Entdeckung der iustificatio als iustitia dei gelangte.

Auf humilitas stieß Luther bei der Exegese von iustitia
dei in Psalm 71.
Ausgangspunkt ist die iustitia dei. iustitia dei ist
die Gerichtigkeit, die vor Gott gilt, vor Gott aber
gilt nichts am Menschen als gerecht, als nur humilitas.
Also bedeutet iustitia dei für den Menschen: humilitas.
Zur humilitas gelangt der Mensch nicht aus eigener
Initiative, sondern er ist passiv. Gott treibt ihn
durch humiliatio, in dem er ihn mit dem iudicium, das
wiederum das Wort ist, konfrontiert, in den Zustand
der humilitas. Das iudicium dei aber ist Gnade, "weil
es richtet oder rechtfertigt den, der daran glaubt."[64]

Im iudicium dei, im Wort Gottes also, wird dem, der
daran glaubt, klar, daß alles, was der Mensch tut,
vor Gott verdammenswert ist. Dadurch gelangt er zur
Selbstverneinung, und so entsteht humilitas oder die
Gerechtigkeit, die vor Gott gilt, das heißt iustitia dei.

Wenn nun humilitas angesichts des iudicium entsteht, so
beschreibt Luther die fides als "Natur und Eigenschaft"
der humilitas.[65]

Bizer formuliert noch strenger "Fides ist nur ein
anderer Ausdruck für humilitas".[66]
So würde die folgende Definition vom Begriff der
humilitas, die um der Parallelität willen zu Shinrans
Verständnis von "jin shin" vorgenommen wird, das Ver-

---

64 Bizer, Fides ex auditu, S. 125, nach WA 462,23
65 WA 462, 30
66 Bizer, Fides ex auditu, S. 131

ständnis Luthers nicht verfälschen:

Humilitas bei Luther bedeutet den zweifachen Glauben:[67]

(1) Der Mensch muß daran glauben, daß er und alle seine Taten verdammenswert sind, und daß er keine Möglichkeit hat, aus eigener Kraft sich von seiner Sündigkeit zu befreien.

(2) Der Mensch muß glauben, daß ihm im iudicium dei, im Evangelium die Rettung, d.h. die Gerechtigkeit vor Gott durch Gottes Gnade angeboten wird, wenn er an Christus glaubt, den Gott exemplarisch durch dessen humilitas gerecht gemacht hat.

Hinter dieser Entsprechung der Begriffe aber steht ein wichtiger Unterschied: Luther fand schon bei der Interpretation des "opus Dei" heraus, daß der Glaube allein Gottes Werk sei, wei auch Christus Gottes Werk ist.

Später legte Luther diese zwei Bedeutungen an der humilitas in seiner Römerbriefvorlesung (1515/16), besonders zum Kapitel 3, systematisch und ausdrücklich dar.[68]

---

67 Vgl. Erklärung von "jin shin"
68 Man kann ähnliche Ausdrücke wie "jin shin" dabei finden, z. B. ;Justificatur ergo in iis, que humiliati sensu suo cedunt et hic credunt." WA 56, 213

V. Der Glaube bei Shinran und Luther

(1) Der Glaube bei Shinran "san shin isshin" (Drei Glauben im Herzen)

Shinrans Verständnis des 18. Wunsches Amidas im "dai mu ryo ju" kanon, daß die Rettung des Menschen durch den Glauben aus fremder Kraft geschieht, ist in seinem passiven Verständnis des "shi shin, shingyo und yokusho" im 18. Wunsch motiviert.

Hier nochmals die Übersetzung des 18. Wunsches:

"Wenn ich Buddha werde, werden diejenigen in meinem Jodo geboren, die mit dem Herzen der Wahrheit, mit fröhlichem Glauben und dem Wunsch, im Jodo geboren zu werden, meinen Namen anrufen. Aber nur die Verbrecher der fünf ärgsten Sünden und die Lehrer, die absichtlich die Lehre vom Dharma verfälschen, sind ausgeschlossen."

Der Inhalt dieses Wunsches ist wörtlich so begreifbar: Man kann durch die Anrufung Amidas durch drei Bedingungen gerettet werden. Müßte man die Bedingungen zur Rettung selbst erfüllen, wäre es nicht so schwer wie das Gesetz zu erfüllen. Diese Interpretation gehört für Shinran noch zum Gebiet der Rettung durch "jiriki". Er konnte aber in sich keine Möglichkeit finden, die Bedingungen zur Rettung zu erfüllen. Hōnens Interpretation bestand darin, daß man Nembutsu allen guten Werken voran erfüllen müsse. Er sagt dazu im ersten Satz seines Hauptwerkes: "Es gibt keine andere Ursache für die Rettung, denke ich, außer, daß man durch Nembutsu gerettet wird."[69]

---

69 Shinshu-seiten zen shu I S. 923

Wider die Meinung Hōnens, Rettung geschehe aus der Anrufung Amidas allein, steht Shinran in der Meinung, die Rettung geschehe aus Glauben allein. "Der Glaube an den Richtigen und Reinen hat immer Nembutsu zur Folge, aber Nembutsu hat nicht immer Glauben zur Voraussetzung."[70]

Darin, wie man die drei Bedingungen Amidas erfüllen konnte, bestand Shinrans letzte Anfechtung. Er suchte die Lösung in den Schriften der Vorläufer des Jōdo-Buddhismus und fand sieben gute Interpreten der Jōdo-Kanons. Von Tenshin[71] und Donran[72] bekam er Hinweise zum Verständnis von "shi shin, shingyo und yokusho". Den Ansatzpunkt für die Lösung seines Problems fand er, indem er die Interpretation des "ekō" von Donran in dessen "jōdo ron chū"[73] mit dem Passiv ins Japanische übersetzte.[74] Dadurch begriff er "shi shin, shingyo, yokusho" als etwas, das die Menschen nicht aus eigener Kraft erlangen können, sondern das ihnen von Amida geschenkt ist.

---

70 Shinkan, S. 219
71 Tenshin: vgl. S. 19, Anm. 20
72 Donran: Chines. T'an-Luan (476-542 in China). Durch sein "Jōdo ron chū" konnte der Josoismus in China seinen Grund legen. Inazu, Indotetsugakushi, S. 330
73 jōdo ron chū: Chines. Ching-t'u-Lun-tschu Kommentar zur Jōdolehre Tenshins
74 Shinkan S. 213-14, 224

(a) Shi shin, Das Herz der Wahrheit

"Alle Menschen haben seit der ewigen Vergangenheit bis heute, bis jetzt gar kein sauberes Herz, weil es durch Begierde [75] und Sünde befleckt ist. Der Mensch hat also nicht das Herz der Wahrheit sondern nur ein betrügendes, schmeichelndes Herz. Weil Amida sich der Menschen, die Kummer haben und sich quälen, in solcher Situation erbarmen wollte, hat er sich in ewiger, für Menschen unverständlicher Vergangenheit – um die Werke des Bosatsu [76] zu erfüllen – selbst kasteit, und er war keinen Augenblick und in keinem Gedankengang nicht sauber oder nicht gerecht. Dadurch hat er absolut alle guten Werke und alle Weisheit besessen, hat das Absolute 'Amida Butsu' geboren[77] und hat allen Menschen, die in Begierde gefangen sind, sein "shi shin" übergeben, um dieses durch "rita"[78] im Herzen der Menschen erscheinen zu lassen. Dadurch können sich die Menschen ohne Zweifel zu Amida bekehren. Dieses Herz findet sich in Amidas Namen."[79]

---

75 Bonnō, sanskr. klesa (Not, Beunruhigung) die Ursache aller irdischen Fesseln
76 Bosatsu: sanskr. bodhisattva, nicht allein Satori zu bekommen, sondern die anderen durch seine Werke zu Satori zu führen (I.Shinmura, Kōjien[1], S.1962
77 Amida Bosatsu: sanskr. namo mitayur buddhaya: die ewige, absolute Weisheit, der absolute, erleuchtete Buddha
78 rita = tariki, durch seine Kraft andere zu Satori gelangen zu lassen
79 Shinkan S. 191-92

Nembutsu mit seinem eigenen "shi shin" interpretiert Shinran als Nembutsu mit dem von Amida aus Gnade gegebenen "shi shin".

Die Stellvertretung der Menschen durch Amida läßt sich der Christi vergleichen. Während aber bei der Stellvertretung Christi der Sinn und Zweck klar ist, nämlich Gott Genugtuung zu schaffen,[80] läßt sich das bei Amida nicht so leicht klären, denn es gibt im Buddhismus keinen strafenden Gott, dem Genüge geschehen müßte. In der Lösung dieser Frage, welches der Zweck der Stellvertretung durch Amida sei, liegt der Unterschied zwischen Luther und Shinran, zwischen Christentum und Buddhismus.
Dieser Unterschied tritt vornehmlich in "shingyo" (froher Glaube) auf.

(b) "Shingyo" bedeutet der zweifelsfreie Glaube aus Amidas vollkommener Gnade, daran, daß Amida dem Menschen seine guten Werke und seine absolute Tugend gibt und daß er sich zweifellos rettet. Daher heißt der Glaube "shingyo", froher Glaube.

"shingyo" befindet sich in shi shin durch "rita" (durch tariki, fremde Kraft und "ekō").

"ekō" bedeutet ursprünglich, seine guten Werke auf andere zu übertragen, indem man selbst mit anderen zusammen Buddha wird.
"Die Menschen laufen in der Finsternis umher, verirren sich im Kreis und sind in bonnō[81] gefangen.

---

80 Althaus, die Theologie M. Luthers, S. 178
81 bonnō: vgl. Anm.75, eine Interpr.: "bon" läßt den Körper des Menschen unruhig sein und "nō" läßt den Geist unruhig sein, (Inazu, Indotetsugaku shi, S. 105)

Man kann keinen reinen Glauben in ihnen finden. Es ist zu schwer für sie, den richtigen Glauben zu haben und Amida zu treffen, weil immer und immer die Begierde und Selbstliebe ein gutes Herz der Menschen beflecken.

Haß und Neid verbrennen und Glauben an das Dharma so augenblicklich, wie man ein Feuer auf dem Kopf möglichst schnell wegnehmen will. Daher ist das gute Werk des Menschen immer ein Gemisch aus Gift, aus Falschheit und Schmeichelei. Damit kann man nie zum Jodo gelangen, auch nicht, wenn man dort geboren werden wollte. Der Grund, daß Amida die Werke für Bosatso, d.h. für die Menschen so vollkommen ausgeführt hat, daß er in keinem Augenblick einen Fehler machte, nicht in seinen Taten und Gedanken, das ist seine Barmherzigkeit, aus der er die Menschen retten will. Deshalb können die Menschen durch die vollbrachten Werke Amidas, die auf die Barmherzigkeit gegründet sind, sicher ins Jōdo gelangen. Und er hat der Welt seinen Glauben übertragen, daß er sicher daran geglaubt hat, daß sein Wunsch die Menschen retten kann, weil er sich ihrer in ihrem Kummer und ihrer Qual erbarmt hat. Das heißt "rita" - Glauben an "shi shin"[82].

Zuerst hat Shinran dargelegt, woran geglaubt werden muß, nämlich daran, daß Amida uns statt unseres Herzens sein Shi shin gibt. Shi shin aber ist der Inhalt des Glaubens Amidas. Daher gibt es keinen Zweifel mehr daran, daß der Wunsch Amidas wirklich wahr ist, d.h. Kraft hat.

---

82 Shinkan S. 192-200

"Shi shin ist die Wahrheit. Die Wahrheit bedeutet, daß der Wunsch Amidas wahr ist."[83]
Nicht nur die Erfüllung der Werke statt unserer, sondern auch die Fähigkeit, den Glauben zu haben, kommt aus der Gnade Amidas. "Es ist zu schwer, den wahren Glauben zu haben" ist also doch möglich geworden.

(c) yokusho

"Yokusho" bedeutet die Einladung Amidas an die Menschen, in sein Jōdo zu kommen. "Yokusho" befindet sich in "shingyo". Dieses ist etwas anderes als das erfolglose "ekō" des Jodo-Buddhismus. Von der Seite des Menschen ist "yokusho" ein 'ekō', von Amida. Weil der quälende Geist in der unsauberen, augenblicklichen Welt wandert und auf dem Meer der Begierde schwimmt, deshalb gibt es kein richtiges, sauberes 'ekō'. Daher hat Amida sich sehr um die Menschen bemüht und hat die Werke für Bosatsu total und vollkommen ausgeführt und hat der Welt den wahren yokusho durch 'rita' übertragen (kai-sen), um durch solches 'ekō' seinen Wunsch aus Gnade zu verwirklichen. 'Ekō' erscheint im Menschen als 'yokusho'. "Yokusho ist 'ekō' von Amida, und zwar ohne Zweifel, weil das der Gnaden-Wunsch Amidas ist."[84]

Die Beziehung zwischen "shi-shin" "shingyo" und "yokusho" ist: Glaube (shingyo) an Amidas Wunsch (shi shin), zur Rettung (yokusho) im Jōdo geboren zu werden, sondern daß Amida sie ins Jōdo kommen läßt. "Yokusho" ist die Einladung Amidas. Damit hat Shinran die Rettung durch absolutes "tariki" entdeckt und dargestellt.

---

83 Son go shin sho mei mon, S. 639
84 Shinkan S. 211 - 12

(2) Der Glaube bei Luther

Um einen Zugang zum Glaubensgedanken bei Shinran und Luther zu bekommen, wird hier in Gegenüberstellung zum entsprechenden Aspekt bei Shinran mit der Erläuterung der Bedeutung des "Werkes Christi" nach Luther begonnen.

(a) Gott macht durch Jesus Christus im Evangelium offenbar, daß die Menschen sündig sind und sein Zorn über ihnen steht. Das ist das Gesetz. Aber Gott wirkt in ihnen zugleich das Verlangen nach Vergebung der Sünde. Diese Vergebung bietet er aus Gnade in Christus an.[85] "Offenbarung in Christo" bedeutet, daß Gott zu den Menschen nicht mit dem verbum increatum sondern mit dem verbum incarnatum kommt, das heißt, Gott ist Fleisch geworden, um sich den Menschen zu offenbaren, deren Fassungskraft zu wenig ist, um Gott als Gott zu begreifen.[86] Die Menschen stehen in ihrer Sündigkeit unter dem Zorn Gottes, aber ihre Gerechtigkeit kann diesem Zorn nicht Genugtuung leisten. Das Werk Christi hat dieses schicksalhafte Problem gelöst. Christus hat an unserer Stelle die Genugtuung vor Gott geleistet, (wie durch Adam die Sünde über alle Menschen kam, so ist durch Christus die Vergebung der Sünde gekommen).[87]

Christi Werk wird sichtbar in seinem Leiden, Tod und Auferstehung, am Kreuz. Das Kreuz ist die Genugtuung an Gott. Christus hat durch diese Erfüllung des Gesetzes Gerechtigkeit vor Gott erfahren. Sein Tod zeigt den vollkommenen Gehorsam und die gänzliche Selbstvernichtung darin, daß er Gott bis zu seinem Tode geliebt hat, daß er seinen Nächsten in Selbstvernichtung und Knecht-

---

85) WA 56; 253, 24 87) WA 56; 65, 16
86) WA 56; 253, 24

schaft gedient hat, und nicht aus unfreiem Willen sondern aus freiem Willen und nicht für seine Sünden, sondern für die Sünden der Menschen gekreuzigt worden ist.[88]

Durch diese Stellvertretung in der untragbaren Situation, von Gott verflucht zu werden, sind wir vom Gesetz befreit worden. "Denn das, was wir verdienten, Fluch und Verdammung, hat er für uns auf sich genommen und bezahlt."[89]
So ist die Gerechtigkeit Christi die Genugtuung an Gott extra nos.[90] Gott aber rechnet uns diese iustitia aliena propter fidem in Christum an. Und fides in Christum ist die einzige Möglichkeit, durch die die Gegenwart Christi (Wirkung Christi) in uns aufgenommen werden kann, durch die uns seine Gerechtigkeit vor Gott zugeeignet wird.

Am Werk Amidas haben keine Persönlichkeiten teil, wie Vater und Sohn, es gibt kein Verhältnis Sender und Gesandter zwischen Shaka und Amida, es gibt kein Gericht und keine Vergebung, keinen Zorn Amidas und keinen Versöhnungsgedanken, es gibt nur: Stellvertretung durch Gnade.
Der entscheidende Unterschied zwischen Amida (auch Buddha) und Gott bzw. Christus ist: Gott ist Schöpfer, Amida nicht. Christus steht im Verhältnis mit Gott, Amida steht zu niemandem im Verhältnis. Daher kann man Amidas Werk nicht mit dem Wort "Genugtuung" charakterisieren sondern mit "Genüge", weil letzteres kein personales Objekt direkt anschließt. Amidas Werk ist dann Genüge an der Wahrheit; so läßt sich die Bedeutung des Werkes Amidas fassen.

---

88) WA 56; 296, 20   90) WA 56; 279, 55ff
89) WA 2; 216

"Shin" hat im japanischen außer "Herz" die Bedeutung "Geist". Man kann also sagen, das Ziel des Buddhismus ist es, in ein geistiges Gebiet zu gelangen. Hier soll dieses geistige Gebiet näher erklärt werden.

Die Bedeutung von "Herz der Wahrheit", shi shin:
Die Wahrheit (shin-jitsu = shi) bedeutet für den japanischen Buddhismus die Wahrheit, durch die Shaka Buddha geworden ist.[91]
Die Wahrheit, "satya", besteht aus vier Teilen:
1) der Wurzel der menschlichen Qual und Sündigkeit (samudaya);
2) den Phänomenen der Qual und Sündigkeit (Dhuka);
3) der Entdeckung, daß die menschliche Qual und Sündigkeit keine wirkliche Ursache hat (Nirodha);
4) der Methode dieser Entdeckung (Marga).
Shaka hat diese Methode, durch die er sich von den Sünden befreit hat, die Menschen gelehrt.

Aus dem Verständnis des Werkes Christi und dem Verständnis des Werkes Amidas läßt sich eine Parallele herauszeichnen:
Durch den Glauben allein können wir uns die Gerechtigkeit Christi aneignen.
Dieser letzte Satz hat nach dem Verständnis Shinrans aber nicht eine conformitas mit Amida zur Folge. Er bedeutet, ins geistige Gebiet, ins Gebiet Amidas zu treten.
Wenn man ihn in der christlichen Denkweise und dem christlichen Ausdruck nach begreift, nämlich: Amida gibt uns sein Herz, in dem oder durch das er in uns wirkt, daher sind wir wahr, wenn man den Satz so be-

---

[91] Wahrheit, sanskr. satya, jap. shin-jiitsu od. shin-ri

greift, hat man nicht nur Shinran sondern den ganzen
Buddhismus verstanden. Sich Wahrheit aneignen bedeutet:
Amida bringt uns in sein geistiges Gebiet. Das Ich
ist dann im Gebiet Amidas, im Geist Amidas, der Geist
Amidas ist Ich. Damit ist schließlich das Ich verschwunden. Das ist "Muga".[92]

Decartes hat durch sein "cogito, ergo sum" das Ich
als die sicherste und zweifellose Existenz entdeckt,
und damit begann eine neue Epoche der europäischen
Philosophie. Der Buddhismus forderte solche sichere
Existenz des Ich heraus, um Muga zu finden.

Christi Selbstlosigkeit ist nicht Muga. Er hat das
Bewußtsein seiner Selbst im Gehorsam gegen Gott und
in der Knechtschaft gegenüber seinen Nächsten behalten. Seine Selbstlosigkeit ist Selbstwertlosigkeit.

(b) Was heißt "durch den Glauben allein"?

Die Ungültigkeit aller menschlichen Leistungen für
die Gerechtigkeit vor Gott gilt auch vom Glauben.
Vor allem ist der Glaube Gottes wunderbare Schöpfung
im Menschen, und zwar, "der Glaube, der durch die
Predigt über Christus uns durch den heiligen Geist
eingegeben ist."[93]

Der Glaube hat einen wichtigen doppelten Sinn im Kommentar zum Römerbrief, zum einen: durch den Glauben allein
kann man den Willen Gottes in Christo am Kreuz finden.
Zum anderen: durch den Glauben allein kann man sich die
Gerechtigkeit Christi aneignen.

---

92 Muga, sanskr. anātman, anattā, das Nicht-Ich, d.h.
es gibt kein Ich als Substanz, sondern nur das Bewußtsein, daß man die Selbstbejahung und Selbstliebe behalten will. (Inazu, S. 38)

93 D.B. 7.7.17

Die Menschen haben den Begriff von Gott aus der Natur, weil Gott ihrer Natur ein Wissen um sich mitgegeben hat.[94]

Aber aus solcher natürlicher Erkenntnis Gottes können die Menschen nie Gottes Gottheit und seinen Willen erkennen, sondern sie schaffen Götter, um ihre Bedürfnisse zu erfüllen.[95]

Gott begegnete den Christen in seinem Wort, wie er Israel im Tempel und durch die Propheten begegnete. Gottes Wort ist das Evangelium, das Evangelium offenbart Christus.[96] Aber der Mensch kann Christus mit seiner Vernunft nicht finden, weil Gott ein verborgener Gott in seinem Handeln an Christus ist, weil sein Wille am Kreuz verborgen ist, und weil er unter dem negativen Phänomen seine Barmherzigkeit den Menschen gezeigt hat. Deus absconditus bedeutet, daß Gott die Menschen darauf verzichten läßt, daß der Glaube sich auf Unsichtbares richtet. Der Glaube ist das Vertrauen in die Unsichtbarkeit Gottes. Der Mensch kann durch den Glauben allein, in der Unsichtbarkeit allein, in dem Verzicht auf die Sichtbarkeit vertrauen.[97] Daher kann man durch den Glauben allein die Bedeutung Christi am Kreuz finden, nämlich daß Gott uns propter Christum Gerechtigkeit zurechnet.

"Fides in Christum" macht den Menschen dem fleischgewordenen Wort konform.[98] Damit wird Christus in uns gegenwärtig. Der Glaube an die zugerechnete Gerechtigkeit aber ist die Grundlage der neuen, d.h. der gerechtfertigten Existenz vor Gott.

---

94 WA 56; 176, 29
95 WA 56; 177, 8
96 WA 46; 414, 15
97 WA 56; 393, 5   395, 25
98 WA 56; 320 1ff

Man muß sich jetzt fragen, was demgegenüber "allein durch den Glauben" bei Shinran bedeutet.
"Allein durch den Glauben" bedeutet bei Shinran nicht mehr als eine Weise, auf die man sich die Wahrheit Amidas aneignet. Shinran wollte damit aus seiner negativen Erfahrung heraus total ablehnen, daß die guten Werke die entscheidende Rolle für die Rettung spielten. Er hat an der Vernunft des Menschen als Sitz der Buddhaheit gezweifelt. Denn der damalige Buddhismus war zu einer Ausbildungsmethode für adlige Söhne geworden, in der die Lehre ein Spiel mit philosophischen Regeln geworden war. "Allein durch den Glauben" bei Shinran zeigt die totale Ablehnung des "Irre-Buddhismus".[99]
Die Entsprechung in der Definition des Glaubens bei Shinran und Luther besteht also nur darin, daß der Glaube die Weise bezeichnet, auf die man gerettet werden kann. Shinrans neue Entdeckungen betreffen den Glaubensgegenstand. Er konnte den tiefen Sinn des Glaubens, wie er in der Definition Luthers hervortritt, nicht finden.
Wenn man "shi shin, shingyo, yokusho" in einer anderen Richtung analysiert, findet sich das Folgende:
In seinen Erklärungen zu Amida sagt er: In "shi shin, shingyo" liegt die Ursache, Satori zu erfahren und absolutes "Nehan"[100] zu beweisen".[101] Er wollte damit indirekt sagen, "shi shin" und "shingyo" beziehen sich nicht auf die Wiedergeburt im Jodo, sondern sie hängen mit der "satya" Shakas zusammen. "Der absolute "shin" (shingyo) ist die echte Ursache von Satori und des absoluten "Nehan"."[102]

---

[99] Irre-Buddhismus: Shinran meinte, der anderen Buddhismus, Shodomon, dessen Gedanken, die Rettung durch Jiriki besagt, sei durch Mappō verdorben. "Mappō", die Endzeit, in der niemand mehr das richtige Dharma hören und lehren wird

[100] "Nehan snaskr. nirvāna, Befreiung von Bonnō (Ursache des menschlichen Kummers)

[101] Gyokan, S. 138-39

[102] Shinkan, S. 221

Damit ist deutlich, daß "shingyo" die Ursache des "Nehan" ist. Ursprünglich ist "shingyo" eines der Übersetzungswörter von "adhimukti",[103], das die eine von fünf richtigen Wirkungen des Geistes zur Beurteilung und Konzentration auf die Wahrheit bedeutet.[104]

Shinran hat bei der Beschreibung von "adhimukti" Vertrauen auf den Verstand durch Vertrauen auf Amida ersetzt. Er beschreibt "adhimukti" als Freiheit von Zweifeln. Im Buddhismus muß man mit fünf richtigen Beurteilungserkenntnissen elf "gute Herzen" finden, und zu bekommen suchen. Aber Shinran hat nur eines dieser Herzen mit völlig anderem Sinn als seine Vorgänger als Weg ins Jodo dargestellt. Jetzt ist es notwendig geworden, auch die ursprüngliche Bedeutung des "yokusho" in "satya" zu suchen.

"Yokusho" ist nämlich das Herz des Wunsches nach Satori, nach Werden, Machen, Tun und Geschehen, und nach "ekō" Amidas in der Zweifellosigkeit."[105]
"Yokusho" und den Wunsch im buddhistischen Sinn kann man als Übersetzung für "Pranidhāna und Chanda"[106] ansehen.

Also bedeutet "Yokusho" bei Shinran auch Satori in der "satya" Shakas. Aus der Zusammenfassung der Analyse von "shi shin, shingyo, yokusho" ergibt sich, daß Shinran nicht nur Jodomon sondern auch Shodomon zum Höhepunkt geführt hat.

---

103 "adhimukti", sanskr. Vertrauen auf den richtigen Verstand. Inazu, Indotetsugakushi, S. 166
104 Wunsch, Glaube, Gedächtnis, Konzentration, Weisheit Sanskr. chanda und pranidhana, adhimukti, smyti, samādhi und prajña, genannt der Geist von Viniyata (controlled and regulated). Inazu, Indo tetsugakushi, S. 165-169
105 Shinkan, S. 191
106 Sanskr. Hoffnung und Wunsch nach etwas Gutem (Inazu, Indo tetsugakushi, S. 165)

VI. "Gi-nakio Gi-tosuru" und "iustificatio"

Es gibt zwei entscheidende entsprechende Begriffe die
Rettung betreffend, bei Shinran und Luther:
sola fide, sola iustificatio und sola shingyo, Gi-nakio
Gi-tosuru.
Gi-nakio Gi-tosuru[107] bedeutet auf deutsch:
den Ungerechten gerecht machen, oder als eine Interpretation: jemanden ohne Leistung als Täter der Leistung anzusehen, und dieser Gedanke gründet sich auf ein
bestimmtes Verständnis von "ekō". Deshalb soll zuerst
"ekō" dargestellt werden.

(1) Gi-nakio Gi-tosuru

a) Shinrans neue Interpretation von ekō

Ekō bedeutet ursprünglich, den anderen Menschen seine
eigenen guten Werke und Tugenden zu überweisen, um mit
ihnen zusammen Buddha zu werden.[108]
Im Jodomon ist es auf zweierlei Weise interpretiert:
1. "Osō-Ekō (Ekō von Menschen zum Jōdo) bedeutet, daß
man seine eigenen guten Werke allen Menschen überweist, daß man mit den anderen den Wunsch schafft
und zusammen in jenes himmlische Jodo Amidas geht."[109]

---

107 Ōe u. Ōhara, Shinshuseiten, S. 588
108 I. Shinmura, Kōjien 2. Ausgabe, S. 235
109 Chinesischer Text von "jodoron-chū" Donrans in
   Shinkan, S. 213 - 14
   Shinran hat die Sätze Donrans für die Tenshins
   gehalten (T. Karasawa, Shinran no sekai S. 181)

2. "Gensō-Ekō (Ekō von Jōdo zu Menschen) bedeutet: derjenige, der auf der jenseitigen Erde geboren ist, kommt durch die Kraft, Gestalt zu haben, zur Welt und lehrt die Menschen die Wahrheit, und er und diese bekehren sich zusammen zum Weg Buddhas."[110]

Diese Übersetzung der Sätze Donrans ist normal, aber Shinran hat sie im passiven Sinn übersetzt. Er übersetzte ohne Subjekt, was für das Japanische üblich ist, aber man muß durch das von ihm hinzugefügte Adjektiv "dankbar" das Subjekt, nämlich Amida, ergänzen. Durch seine Übersetzung mit dem Verb "lassen" wird der passive Charakter deutlich.

Ōsō-Ekō bedeutet dann: "Amida, der in der jenseitigen Erde geboren ist, kommt durch die Kraft, Gestalt zu haben, zur Welt und lehrt die dankbaren Menschen die Wahrheit und läßt alle dankbaren Menschen sich gemeinsam zum Weg Buddhas bekehren."[111]

Bei dieser Übersetzung hat Shinran "ekō suru" absichtlich frei durch "ekō-seshimetamaeri"[112] ersetzt. Solche Methode hat ihr Vorbild im "sangiyo-gisho" (drei Kommentare) Shotokutaishis,[113] der als einziger einen positiven Einfluß auf Shinran in dessen Zeit auf dem Hiei-Berg ausgeübt hat.

Während Shinran damals dadurch, daß er Selbstbejahungen aufeinanderhäufte, versucht, sich bis zum Buddha zu erheben, war er sich bewußt, daß er sich stattdessen immer weiter von Buddha entfernte. Erst später hat er das andere Verhältnis zu Amida durch "jin shin" gefunden.

---

110 ebd.
111 Shinkan S. 224
112 ekōseshimetamaeri: höfliche Perfektform, ekō machen lassen. Nach: Karasawa, shinrannosekai S. 81
113 Vgl. Anm. 40, S. 24 Nach Karasawa, ebd.

Theoretisch mußte man in "ki-hō nishu jinshin"[114] sich am tiefsten und Amida am höchsten vorfinden, aber was Shinran im größten Abstand von Amida begegnete, war das "ekō" Amidas im Verständnis der umgekehrten Richtung. Durch diese Erfahrung hat er "kyo go shin sho" schreiben können, dessen Thema die Rettung aus Glauben allein ist. "Kyo go shin sho schreiben zu können, ist das Geschenk des ekō Amidas."[115]
Durch solche Gedankengänge hat er die Erklärung des ekō systematisch aufbauen können. Und in dieser Erklärung findet sich der Ausdruck: Ungerechtigkeit gerecht machen.

(b) "Gi-nakio   Gi-tosuru"

Diese Worte sind die Antwort Shinrans auf die Frage, warum Amida diejenigen, die keine guten Werke tun, retten wolle, und warum die guten Werke des Menschen keine Rolle für die Rettung spielen.
Die Antwort darauf ist, die Rettung ist für den Menschen natürlich, natürlich bedeutet, daß sie außerhalb unserer geschieht. Amidas Wunsch läßt uns gerettet werden. Amidas Wunsch fordert gar keine menschlichen Leistungen für die Rettung. Amidas Wunsch hat keinen Maßstab, ob der Mensch, der zu Amida kommen will, gut oder schlecht ist. Tariki macht den Menschen gerecht, weil alle menschlichen Leistungen keine Rollen spielen.
Nur der Mensch, der noch immer am Wunsch Amidas zweifelt, denkt, daß die menschliche Gerechtigkeit für die Rettung Gültigkeit hat. Shinran hat diese Erklärungen in "Jinen-Hōni"[116] zusammengefasst.

---

114 vgl. Anm. 50, S. 31
115 Shikan, S. 347
116 Jinen: natürliches Werden. Hōni: wegen Amida
(Ōe, Shinshuseiten, S. 587 - 590)

Obwohl Shinran behauptet, schon Hōnen habe von
"Gi-nakio Gi-Tosuru" gesprochen, kann man in Hōnens
Schriften keine solche Erklärung finden. Es ist sehr
positiv zu beurteilen, daß Shinran mit seinem eigenen
Ausdruck "jinen hōni" den neuen Gedanken "Gi-nakio
Gi-tosuru" ausdrückte.

In "drei Jōdo-Kanons" findet sich "Gi" nicht.
Wenn man "Gi" sagt, so fließt eine ethische Bedeutung ein.
"Gi" ist eigentlich eine der fünf wichtigsten ethischen
Grundlagen für den Konfuzianismus,[117] und es bedeutet dem
ethischen Maßstab nach: richtig, gut, gerecht.
Shinran benutzt den typisch buddhistischen Ausdruck
"Wahrheit" hier nicht. Darin wird deutlich, daß er auch
diese ethische Gerechtigkeit als gültig für die Rettung
ausschließen wollte. Ganz klar wird die Wertlosigkeit der
moralischen Leistungen in dem Satz: "Man sagt, wenn der
schlechte Mensch gerettet werden könne, dann müsse der
gute doch sicher gerettet werden. Aber ich meine, wenn
der gute gerettet werden kann, dann kann der schlechte noch
sicherer gerettet werden."[118]. Dieser problematische Ausdruck
ist oft mißverstanden worden. Es kamen Ansichten und Bewe-
gungen auf, die die Moral geradezu verachteten. (Honan-
bokori)[119]

---

117 Jin = Menschlichkeit, Gi = Gerechtigkeit, Rei = Höf-
lichkeit, Chi = Weisheit
Shin-Glauben. Shinran wurde in der Familie Hino, der
Konfuzianismusforscher für den Kaiserhof, geboren. Es
war denkbar, daß er schon vor seiner Mönchszeit mit
neun Jahren "Lun yü" von Konfuzius gelesen hatte. Shinran
beurteilte die Wertung des Konfizianismus, daß er
den Stand der Ethiklehre erhielt und nicht ins Gebiet
der Religion gehöre" (Akamatsu, Shinran, S. 217-218)
118 Tannisho, S. 621: genannt "akunin shoki", der schlechte
Mensch hat die richtige Gelegenheit zur Rettung
119 "honganbokori" Hochmut wegen der Gnade Amidas

Gegen diese buddhistischen Antinomisten klagt Shinran:
"ach, wer kann dem Kranken ein Grift empfehlen, obwohl
er ein Medikament hat!"[120]
Shinran hat seine Gedanken in so radikale Form gebracht,
weil er den Menschen die ganze Größe der Barmherzigkeit
Amidas vor Augen stellen wollte, nämlich, daß alle
Menschen von Amida die Gelegenheit ihrer Rettung bekommen, abgesehen von ihrer weltlichen Wertung.
Aber "Gi-nakio Gi-tosuru" hat keine Interpretationsmöglichkeiten, man müsse schlecht sein, um von Amida gerettet zu werden.

(2) Iustificatio bei Luther

"...et esse hanc sententiam, revelari per evangelium
iustitiam Dei, scilicet passivam, qua nos Deus misericors iustificat per fidem, sicut scriptum est...."[121]
Dieser Satz ist als Kern der neuen Entdeckung Luthers,
der Interpretation von "Iustitia Dei revelatur in illo
(sc. evangelio)"[122] in Röm. 1;17 anzusehen.
Luther drückt mit den Worten, "so wurde mir diese Stelle
bei Paulus eine recht Pforte zum Paradies,"[123] in Hinsicht
auf die Überwindung der Anfechtungen der Klosterzeit dieselbe Freude aus, die für Shinran die Entdeckung der Rettung durch Glauben allein, von "shishin, shingyo, yokusho"
bedeutete. Es besteht kein Zweifel, daß Luther durch
diesen neuen Begriff von "iustitia Dei" ein ganz anderes
Verhältnis zum Glauben finden konnte.

---

120 Mitosho, Ōe, u. Ōhara, Shinshuseiten S. 606
121 Aus der Vorrede von 1545, WA 54, 18,3 ff
122 ebd.
123 ebd.

In der ersten Psalmenvorlesung und der Vorlesung über den Römerbrief verwendet er die Begriffe humilitas und iustitia Dei in verschiedenem Sinn. In der Römerbriefvorlesung gebraucht er den Begriff der humilitas, abweichend vom Gebrauch in der ersten Psalmenvorlesung, um die Aufgabenstellung des Evangeliums, nämlich iustitia Dei revelari zu begreifen. Iustificatio gebraucht er, um zu erklären, was iustitia Dei sei.

Für Luther ist das Evangelium gleichzeitig Gesetz und frohe Botschaft.[124] Zuerst wirkt das Evangelium auf uns als Gesetz, wodurch es uns unsere Sünde erkennen läßt.[125] Die Erkenntnis der Sünde treibt uns zur Selbstanklage, unterwirft uns dem Selbsthaß. Gleichzeitig bietet uns darin Gott die Gerechtigkeit an, die er vor sich gelten läßt, indem uns das Evangelium zur humilitas führt. Die echte humilitas besteht darin, daß der Mensch seine Sündigkeit immer tiefer erkennt, je höher er die Majestät Gottes erkennt.[126]

Der Mensch muß sich bis zur humilitas Christi demütigen, weil die humilitas Christi an Gott genug getan hat, weil uns Christus als Beispiel gegeben ist. Aber solche echte humilitas kann der Mensch nicht erreichen, weil er von Adam her sündig ist.[127]

Das bisher Gesagte beschreibt den Standpunkt Lutheres zur Zeit der ersten Psalmenvorlesung, nämlich, der Mensch kann sich durch den Glauben humilitas Christi, d.h. iustitia Christi aneignen. Aber in der Vorlesung über den Römerbrief hat er den Sinn Christi als "pro me" begriffen.

---

124 WA 56, 253, 24ff, vgl. Holl, a.a.O.S.187, 111
125 WA 3, 185, 6ff
126 WA 56, 217, 4, 18ff, 3, 185, 6
127 WA 56, 287

In der strengen Anspannung der humilitas erscheint das Evangliums den Menschen als frohe Botschaft, insofern sie daran glauben, daß sie sich durch den Glauben an Christum dessen Gerechtigkeit aneignen können. In diesem Glauben wirkt Christus in uns, so entsteht die conformitas zu Christus.

Gott macht den Menschen propter Christum gerecht. Bei dieser Rechtfertigung ist der Mensch passiv. Inhalt der iustificatio ist also, daß Gott die Sünden nicht anrechnet, stattdessen aber die iustitia aliena zurechnet. Dadurch ist unsere Gerechtigkeit vor Gott eine Gerechtigkeit extra nos. Die iustitia Dei besteht also in unserer Rechtfertigung, d.h. in einer Gerechtigkeit extra nos. In der Psalmenvorlesung dagegen ist die iustitia Dei als humilitas, als Gerechtigkeit intra nos zu verstehen.

Iustificatio ist nicht ein einmaliger Akt sondern ein Kontinuum, das sich im Glauben vollzieht.

Propter Christum bedeutet für Luther: in unserem Verhältnis zu Gott propter initium novae creaturae.[128] Der Mensch beginnt sein neues Leben als Neugeborener, aber er ist simul iustus et peccator.[129]

Im Dasein des Menschen, in der Sündigkeit durch Adam, in der Versöhnung durch Christus, sind wir vor Gott schon ohne zeitliche Bedingung gerecht in Christo, aber im Sosein sind wir noch unter der zeitlichen Bedingung, d.h. immer noch Sünder. Im Sosein, im Leben, muß der neue Mensch täglich gegen den alten kämpfen,[130] weil unser Sosein vollkommen unter der zeitlichen Bedingung steht. Aber unsere Gerechtigkeit in Christo, auch im Sosein ist von Gott angerechnet und versprochen, "sed iustus ex reputatione et promissione".

---

128 WA 2,497, 15   129 WA 56, 70,9   272,17
130 WA 376,8

(3) Shinrans Gi-nakio Gi-tosuru im Vergleich zu Luthers iustificatio

Aus dem Überblick von Gi-nakio Gi-tosuru und iustificatio ergibt sich:

Shinrans Begriff von Gi-nakio Gi-tosuru läßt sich als gefühlsmäßig und synthetisch charakterisieren. Er hat den Prozeß vom Sünder zum Gerechten als "Natürlichkeit" erfaßt. Die Natur bei Shinran bedeutet nicht den Inhalt der Naturwissenschaft sondern das, woraus der Mensch hervorgeht, von dem er abhängig sein soll, die Substanz, in der er leben muß.[131] Das ist ein typisch orientalischer Naturbegriff. Nachdem er "jinen" (natürlich Buddha werden) zur Ursache für Gi-nakio Gi-tosuru erklärt hat, sagt er weiter: "Amida hat gewünscht, uns "Mujō butsu"[131a] werden zu lassen. Mujō butsu hat keine Gestalt, daher heißt er "Jinen". Wenn "Mujō nehan" eine Gestalt hätte, hieße er nicht "Mujō nehan". Durch den Namen "Amidabutsu" wollte Amida uns von Anfang an erkennen lassen, daß das Ziel der Rettung die Gestaltlosigkeit sei." (Jinen hōni sho, Shinranseiten, S. 587ff) Man darf also wiederum bei der Interpretation von Gi-nakio Gi-tosuru nicht in der Kategorie der Personalität denken.

---

131 Suzuki, D.T. Zen und die Kultur Japans
　　4. Aufl. 1972, S. 90 - 123

131a Mujō butsu: Buddha durch Mujo nehan.
　　Mujō nehan: ein Begriff für nehan: die Gegenwärtigkeit des Menschen ist in Wirklichkeit eine illusorische Gestalt, die vom eigentlich reinen Herzen im Kosmos gekomken ist. Wenn der Mensch zum Original zurückkehrt, wird er gestaltlos. Das Herz, die Gestaltlosigkeit, ist ewig, unveränderlich, omnipräsent, die absolute Tugend. Die Passivität in der Denkweise Shinrans bedeutet: das Herz kommt zum Menschen

Der Prozeß der iustificatio in der Denkweise Luthers ist gesetzmäßig und analytisch erfaßt. Iustificatio geschieht in dem personellen Verhältnis zwischen Gott und dem Menschen. Luther begreift die conformitas mit Christus im persönlichen und personalen Sinn.

Als Schluß ergibt sich: In dem Begriff, Gi-nakio, Gi-tosuru, den Ungerechten gerecht machen, entspricht der Ungerechte dem Sünder im Verständnis Luthers, gerecht machen aber bedeutet schließlich, den Menschen einen gestaltlosen Buddha werden zu lassen.

VII. Ein Vergleich zwischen Amida und Christus

(1) Charakterisierung Amidas

Bevor das Verständnis Amidas, das Shinran hatte, dargelegt wird, soll zuerst die Gestalt Amidas beschrieben werden, wie sie sich in den drei Kanons findet, auf die der Jodo-Buddhismus gründet.

Im Kanon "dai mu ryo ju" gibt es ein Gespräch über Amida zwischen Shaka und einem Schüler:[132]
Akon fragt Shaka, ob Hōzō-bosatsu[133] schon "Nehan" bekommen habe, und Budda geworden sei oder nicht und ob er jetzt in der Welt der Menschen sei. Shaka antwortet ihm, Hōzōbosatsu sei schon Buddha geworden und sei im Westen, er sei vor zehn ewigen Zeiten von hier losgegangen. Seine - Buddhas Welt - nenne man "Anraku".[134] Und im 12. und 13. Wunsch Amidas, im selben Kanon (S. 24ff): "Wenn ich Budda werde, nehme ich das Licht der Weisheit und der Tugend, das in Ewigkeit das Land der anderen Buddhas bescheint, sonst würde ich nicht zum echten Satori gelangen. Wenn ich Buddha werde, nehme ich das ewige Leben, sonst würde ich nicht zum echten Satori gelangen."

Im Kanon "Amida" (S. 176ff):
"Amida ist ewiges Licht, das alle Länder bescheint und die absolute Güte, daher heißt er Amidabutsu."
"Amida ist ewig, und auch die Menschen, die er gerettet hat, sind raumlos, omnipräsent und ewig, daher heißt er Amidabutsu."

---

132 Ōe u. Ōhara, Shinshuseiten, S. 40
133 Hōzō-bosatsu: Amidas Name, als er Asket war. Hōzō, Sanskr. Dharmakara, Dharma halten und nicht verlieren. Bosatsu=Bodisattva
134 Anraku, Sanskr. sukhavati, himmlisches Land

Im Kanon "kan mu ryu ju" (S. 146):
Das Herz des Buddha (Amidas) ist nichts anderes als die Barmherzigkeit. Mit der grundlosen Barmherzigkeit rettet er alle Menschen."

Shinran interpretiert die Charakteristik Amidas folgendermaßen:" Als er Hōzō-bosatsu bei seinem Lehrer Sejizai ō-Buddha (Sanskr. Lokesvarāja) war, hat er die Ursache des reinen Landes, der Güte und des Übels in der Welt erkannt. Und er hat den sicher erreichbaren Wunsch geformt, den es bis dahin nie gab, und geschworen, daß er alle Menschen retten werde, das heißt Buddha werden lasse. Dafür hat er in fünf ewigen Zeiten (Sanskr. Kalpa) Askese geübt. Sein Wunsch und Schwur bestehen darin, das Licht der Raumlosigkeit, der Omnipräsens, der reinen Freude und Weisheit und der Unfaßbarkeit über den gesamten Kosmos scheinen zu lassen, um dadurch die Menschen seinen Namen hören zu lassen. Und alle Wesen sind deshalb unter dem Licht. Der Name Amida ist das richtige Werk für die Rettung, und der Grund dafür besteht in "Shi shin" und "Shin gyo". Das Ziel des Wunsches ist, Buddha zu werden und "Nehan" zu beweisen."[135]

Zum Vergleich mit der Gestalt Christi (auch Gottheit) im Verständnis Luthers kann man Amida folgendermaßen beschreiben:
(1) Amidas Wunsch, die Menschen retten zu wollen, ist ihm weder von seinem Lehrer Sejizai ō-Buddha eingegeben worden noch von Shaka. Er hat seine notwendige Askese bei Sejizai ō-Buddha geübt und durch Shaka die Menschen seinen Wunsch erkennen lassen. Ihm fällt gleichzeitig die Rolle des Senders und des Gesandten zu. Sein Wunsch ist Evangelium, und seine Methode, die Menschen durch Shaka seinen Wunsch erkennen zu lassen, war eine Offenbarung. Amidas Charakter ist majestätisch, wie Gott Majestät ist. Amida ist kein Schöpfer und hält kein Gericht, d.h. er hat keinen Gedanken,

---

135 Gyokan S. 138 - 139

die Sündigkeit des Menschen zu richten. Seine Gnade ist nicht durch das Gericht eingeschränkt. Es gibt keine Möglichkeit, in die Rettung durch Amida den Gedanken der Prädestination einzubeziehen, der für Luther zu einem großen Problem wurde.

Im Buddhismus gibt es den Fall, in dem Hōsho hóschin in Gestalt zur Welt kommt. Aber mit der Inkarnation Christi läßt sich dieses Ereignis nicht vergleichen. Die unbegreifbare Gestaltlichkeit Hōsho hćshins könnte eher der der Engel im Alten Testament entsprechen. Die wirkliche Inkarnation wie die Gottes in Christus hat Geschichtlichkeit. Was Amidas Zeit bei Sejizai ō angeht, so läßt sich vorstellen, daß er im Sinne der Engelgestaltlichkeit an unserer Stelle die notwendige Askese um Buddha zu werden, erfüllt hat und uns sein Werk übergeben hat. Er war Vertreter der Menschheit, Mittler zwischen Buddhaheit und Menschheit und Diener der Menschen. Er ist nicht - wie Christus - für die Menschen gestorben, weil die Ursache der Sündigkeit in buddhistischem Verständnis eine andere ist als im Christentum.

(2) Die Sündigkeit nach buddhistischem Verständnis

Die Sündigkeit des Menschen wird im Buddhismus als "Bonnō", im Christentum als Sünde bezeichnet. Schon in diesem verschiedenen Ausdruck wird der Unterschied deutlich. Sünde besteht im Verhältnis zu jemandem, nämlich vor Gott. Bonnō steht nicht im Verhältnis zu jemandem, es besteht ausschließlich vor sich selbst, das versteht man im Buddhismus unter Dualismus, (Bonnō und Buddhaheit). Der Buddhismus analysiert Bonnō als Konkupiszenz, im psychologischen Sinn also. Diesen allgemeinen Begriff von Bonnō übernahm Shinran.

Luther hat das Wesen der Sünde im Verhältnis zu Gott, d.h. theologisch, gesehen, Er nannte Sünde: "quaerere, quae sus sunt"[136]. Das ist nach Lother Kennzeichen des alten Adam. Er liebt Gott nicht um dessent Willen, sondern er liebt sich, um sich Gott gleich zu machen. Diese Abkehr von Gott nennt Luther Hochmut, Ungehorman und Unglauben. Unter aller menschlichen Liebe, Tugend und Weisheit sucht man, sich selbst zu gefallen. Wer auf das Irdische gerichtet ist, ist Fleisch, auch im Intellekt und in allen seinen Affekten.[137]

Daher lehnt er den freien Willen ab. Der Wille ist nach Luther nicht als Wahlfreiheit zu verstehen, die die Entscheidungen des Intellekts frei wählen oder ablehnen kann. Besonders in bezug auf die Rettung ist der Wille unfrei. "Der freie Wille, der außerhalb der Gnade steht, hat überhaupt keine Fähigkeit, sich der Gerechtigkeit zuzuwenden, sondern ist mit innerer Notwendigkeit in der Sünde."[138]

Nach buddhistischer Anschauung gilt:
Der Mensch hat gleichzeitig Bonnō und Buddhaheit: durch Shakas Lehre, satya, kann er unterscheiden zwischen dem, was Bonnō und dem was Buddhaheit ist, und durch seine Buddhaheit, die er durch satya begriffen hat, kann er die Buddhaheit wählen und dadurch die Freiheit von Bonnō erhalten. Shinran stimmt der Vorstellung der Buddhaheit im

---

136 WA 56, 325, 12; 56, 237 12
137 WA 56, 345, 31ff
138 WA 56, 385, 15ff (Schol. zu Röm. 8,28)

Menschen zu, aber nach seiner Ansicht ist diese von Ewigkeit her von Bonnō befleckt.[139] Auch die guten Werke, die man vollbrächte, wären daher mit Gift gemischt. Nach Shinrans Interpretation von "Yoku sho" läßt Amida den Menschen gerettet werden wollen, das beduetet, der Mensch hat keinen freien Willen, sich der Buddhaheit zuzuwenden.

VIII. Jihi bei Shinran, Gnade bei Luther

Eine entsprechende Rolle - wie die Gnade Gottes - die eines der Schlagworte Luthers bzw. der Reformation ist, spielt Jihi Amidas, allerdings nur nur bei Shinran sondern im gesamten Amida Buddhismus. Jihi Amidas ist der Kern allen Amida Buddhismus. Von diesem Ausgangspunkt gibt es zwei Richtungen durch die unterschiedliche Interpretation der Bedeutung des Nembutsu, nämlich die Auffassungen, Jihi durch das eigene Werk oder durch den Glauben zu empfangen. Shinrans Auffassung ist die zweite, aber im Hinblick auf Amida muß zuerst dessen Gnade betont werden.

---

139 Yui shin sho mon i, S. 643ff, Kaneko, Shinshuseiten II Zen-Buddhismus lehnt die Vorstellung des Dualismus ab. Es gibt nur ein einziges Wesen, Buddha, und die anderen sind alle illusionäre Menschen. (Suzuki, Zen no Shisō S. 16,22)
Die exegetische Tendenz Shinrans in bezug auf das Wesen (Buddha) ist die des Zen Buddhismus. Aber nach Shinran besteht Bonnō von Ewigkeit an. Dieser Unterschied zur Auffassung des Zen-Buddhismus liegt darin, daß Shinrans Gedanken nicht (wie Zen) philosophischer Art sind, sondern emotional, eine Darlegung der Erfahrung

(1) Jihi bei Shinran[140]

Das Thema des kanmuryoju-Kanons, der aus sechzehn Geschichten der Rettung durch Amidas Gnade besteht, auf den sich auch die Lehre anderer Amidaisten gründet, ist: "Amida ist die große Gnade". Auch Shinran geht von dieser Grundlage aus, findet aber das Wesen der Gnade Amidas in seinen 48 Wünschen, den Kern der Gnade schließlich im 18. Wunsch. Obwohl für ihn Wesen und Bedeutung der Gnade damit klar geworden sind, gebraucht er weiterhin den traditionellen Begriff, Jihi für die Gnade Amidas. Bei Shinran dachte man die Gnade in der Analogie zur menschlichen Liebe, Vaterliebe oder Mutterliebe, denn die apokalyptische Geschichtsbeschreibung der drei Jodo-Kanons hinderte den Gedankenzusammenhang mit dem Shaka-Buddhismus.

Es war schon zu schwer, herauszufinden, daß Amida nicht als konkrete Person zu verstehen sei und nicht als Besitzer der sauberen Erde, sondern daß damit Nehan gemeint sei. Nachdem Shinran Amida im Nehan zu verstehen gelernt hatte, ging ihm auf, daß die Gnade Amidas außerhalb der Analogie menschlicher Liebe zu verstehen sei. Und so fand er heraus, daß die Gnade Amidas, die viele Schalen menschlicher Liebe trägt, ein metaphysisches Wesen habe, so wie auch das Wesen Amidas metaphysisch sei. Im Sho-kan entfaltet er die kalte Analyse der Gnade, indem er sie entmythologisiert.

---

140 Jihi: Als Übersetzungsmöglichkeit entspricht Jihi umgangssprachlich "Barmherzigkeit", dem religiösen Inhalt nach "Gnade". Wenn Shinran "awaremu" und "renmin" benützt, so entspricht dem "Barmherzigkeit". Deshalb ist Jihi in dieser Arbeit mit "Gnade" übersetzt worden. Im folgenden Teil, "Gnade bei Luther", wird jedoch Jihi getrennt mit Gnade und Barmherzigkeit verglichen

Der Wert der Interpretation Shinrans, darin bestehend, daß er nicht unmittelbar aus den Geschichten der Kanons die Lehre der Rettung ableitet, sondern in diesen den Zusammenhang mit der satya Shakas aufdeckt und damit Amidas Lehre gleichzeitig als vollkommene mahayanische Lehre und lebendige, individuelle Religion erweist, wird wiederum in der Interpretation der Gnade Amidas deutlich.

Ähnlichkeit zwischen Jihi und Gnade

Am Ende des Shin-kan (Glaubensband) löst Shinran den Widerspruch, der gegen die Absolutheit der Gnade Amidas besteht, den Widerspruch nämlich, daß jener 18. Wunsch Amidas die Bedingung enthält, die Verbrecher der fünf Hauptsünden seien von der Rettung auszuschließen. Diesen Widerspruch löst Shinran, indem er verschiedene Heilungswunder aus verschiedenen Kanons zitiert. Die Beschreibung der Gnade Amidas findet hier noch keine Analyse. Sie ist aber der Beschreibung der Gnade Gottes in der Bibel sehr ähnlich. Diese nicht analysierten Beschreibungen der Gnade Amidas nimmt Shinran nicht nur in sein Hauptwerk, "Kyo go shin sho". Erst im "Sho kan" kommt es zu einer Hinterfragung dieser Beschreibungen. Am deutlichsten wird die Ähnlichkeit der Worte Shinrans und Luthers beim Vergleich dessen, was beide unter Gnade verstehen, zugleich aber auch der bedeutende inhaltliche Unterschied, wenn man die Begriffe beider analysiert.

Unter dem Thema "nan ji no ki" (die schwierige Gelegenheit zur Rettung) zitiert Shinran vier Geschichten aus dem Nehan-Kanon und drei Erklärungen von Donran und Zendō, mit denen er darlegen will, daß auch die Verbrecher der fünf größten Hauptsünden gerettet werden können.

In diesem Zusammenhang stellt er das bekannt Heilungswunder des Königs Ayase[141] dar.

---

141 Das Heilungswunder des Königs Ayase, Shin kan
S. 250ff, Kaneko, Shinshuseiten 1
Ayase, sanskr. Ajatasu, lebte zur Zeit Shakas.
Ayase hatte eigentlich einen grausamen Charakter
und tötete schließlich durch den Einfluß Tatsubatas seinen Vater. Daraufhin befiel ihn eine
schwierige Geistes- und Hautkrankheit, deren
Schilderung die in der Hiobsgeschichte noch übertrifft. In dieser Situation vernahm er, daß die
Verbrecher der fünf größten Sünden zur Hölle verdammt
sein. Die Begleiter des Königs versuchten ihn zu beruhigen, indem sie zehn Könige aufzhälten, die ebenfalls ihren Vater getötet hatten und doch nicht in die
Hölle gekommen seien. Das aber konnte Ayase nicht beruhigen. Er ließ sich von dem großen Arzt Giba untersuchen. Giba erklärte ihm, daß nur Shaka ihn heilen
könne und brachte ihn also zu Shaka. Shaka brauchte
die strengste Konzentration, die sog. Mondlichtkonzentration (gatsuai-sanmai) zur Heilung dieser Krankhiet, die auf einer der fünf größten Sünden beruhte.
Nach der Konzentration sandte er starkes Licht, wie
das Licht des Mondes über Ayase und heilte ihn damit.
Ayase aber wurde ein eifriger Anhänger des Buddhismus.

Shinran zitiert das Heilungswunder an Ayase vom Kanon Nehangyo[142] und interpretiert es.

"Ayase fragt: "Giba, er ist der höchste Gott unter den himmlischen Göttern, warum läßt er dieses Licht scheinen, um mich zu heilen?" Giba antwortet: ".....Es gibt keinen Arzt, der Sie heilen kann. Daher läßt er zuerst das Licht scheinen, um Ihren Körper zu heilen, danach folgt die Heilung des Herzens."
Der König fragt: "Glauben Sie, daß Nyorai-Buddha sich weiterhin um mich kümmern wird?"
Giba antwortet: "Ein Beispiel, ein Elternpaar hat sieben Kinder. Wenn eines erkrankt, kümmern sich die Eltern um dieses Kind mehr als um die anderen, obwohl sie diese ebenso lieben. So ist Buddha mit den Eltern zu vergleichen."[143]
Dieses Zitat erinnert unmittelbar an die Geschichte des Königs Naeman, (2. Kön. 5,1; Luther, WA 56, 198) besonders aber auch an den Satz Math. 9, 12; Luther, WA 56, 218.
So also löst Shinran den Widerspruch des 18. Wunsches zur absoluten Gnade und zitiert: "Shaka sagt: "Ich trete noch nicht ins Nehan ein wegen Ayase. Ayase steht für alle Verbrechen gegen die fünf größten Sünden."[144]

Schon dabei stößt Shinran auf die Gedanken des "Akunin Shoki"[145] und des "Gi-nakio Gi-tosuru",[146], die er aber erst später systematisch dargestellt hat. Aber die Quelle

---

142 Nehangyo: ein Kanon über das Nirvāna. Der Text ist in sanskrit nicht mehr vorhanden
143 Shin kan S. 250
144 Shin kan S. 260
145 Akunin Shōki: vgl. S. 50 Anm. 118
146 Gi-nakio Gi-tosuru

für seine Beschreibungsweise der Gnade Amidas, wie Kindschaft, Gleichheit, Gewißheit....., liegt hier.

So sagt Shinran: "Der allgegenwärtige Nyorai erbarmt sich der Menschen wie seines eigenen Kindes."[147]
Oder: "Amida sorgt für alle Menschen ohne Unterschied wie für sein eigenes Kind, und dieses ist der Charakter Buddhas."[148] (Vgl. 1. Joh., Br. 3,1; bzw. Luther WA 20,693)
Oder: "Alle Menschen in der Welt, die Nembutsu machen, nimmt er an und verläßt sie nicht, daher heißt er Amida."[149] (Vgl. Röm. 10, 13; bzw. Luther WA 2, 526)

Diese von Shinran aufgeführten Zitate sind der Interpretation der Heilungsgeschichten entnommen, und sie sprechen von der Erscheinung und Wirkung der Gnade in der Welt, nicht aber vom Wesen der Gnade. Deshalb ist die Möglichkeit, mit biblischen Zitaten zu vergleichen, nur Schein und ein Vergleich der Ausdrucksweise der Gnade. Für einen wirklichen Vergleich muß auch das Wesen der Gnade nach buddhistischem Verständnis festgestellt werden.[150]

Es gelingt aber Shinran, den Ausgangspunkt, das Axiom zu hinterfragen, nämlich: weil Amida Gnade ist, rettet er alle Menschen. Warum aber ist Amida Gnade, so kann Shinran fragen.

---

[147] Shinshuseiten: Jodowasan S. 520
[148] Jodowasan S. 514
[149] Jodowasan S. 511
[150] Normalerweise vergleicht man den christlichen Gnadenbegriff inclusiv eines bestimmten Verständnisses des Wesens der Gnade mit dem buddhistischen Gnadenbegriff, wobei darunter nur die Ausdrucksweise der Gnade verstanden wird, exclusiv des Wesenverständnisses. So z. B. Karasawa, Shinran no sekai, S. 105
    Oka, Kiristokyoto Jōdo shin shu, S. 25 - 44

Das Wesen der Gnade Amidas

Das Wesen der Gnade Amidas wird im Shokan behandelt, aber eigentliches Ziel der Shokan ist, das Wesen der Rettung im Jōdo-mon als der große Nehan dazustellen. Dazu mußte Shinran aber zunächst über das Wesen Amidas sprechen, weil die Rettung des Jōdo-mon bedeutet, die Einheit mit Amida zu erlangen. Ausgangspunkt ist Ekō, die wesentliche Charakterisierung Amidas. Ekō Amidas aber entspringt aus der Gnade, also mußte Shinran auch die Gnade analysieren. Seiner komplizierten Gnadenanalyse voran stellt er als Vorkenntnisse die Formulierung des Wesens Amidas und des Wesens der Rettung, damit die Leser während der Beweismethode die Richtung nicht verlieren.

Der Hishi-Metsudo-Wunsch (die nicht denkbare, wunderbare Geburt): "Ehrlich erzähle ich vom wirklichen Satori, das ist die Folge des Werkes Amidas, die anderen vollkommen zu retten, nämlich das absolute Nehan. (Form des Satori)[151]

Dieser Wunsch geht aus dem Wunsch hervor, demgemäß Amida sicher den Menschen die Gewißheit in der Welt gibt, daß sie im Jōdo geboren werden (Quelle des Satori).

Das heißt auch: das vollkommene, große Nehan[152]. Wenn die Menschen, die im Bonnō[153] geboren und also abhängig sind von den Phänomenen des Geborenwerdens und des Sterbens, der Sünde und Unsauberkeit, durch Amida Ōsō-Ekō empfangen, haben sie die Gewißheit, im Jodo geboren zu werden und Nehan zu erlangen. Sicher in das Nehan zu kommen, bedeutet, die absolute Ruhe zu er-

---

[151] Nehan, sanskr. Nirvāna, vgl. S. 57 Anm. 131
[152] vollkommenes, großes Nehan: sanskr. mahaparinirvana
[153] Bonnō: sanskr. kleśa, Ursache aller irdischen Fesseln

langen, oder, die absolute Ruhe bedeutet die Ruhe absolut
ohne Bonnō, d.h. das absolute Nehan.[154]
Das absolute Nehan ist der abstrakte Buddha, Muihóshin,[155]
oder die Buddhaheit. Die Buddhaheit ist das Wesen allen
Seines. Zugleich ist die Buddhaheit auch die unabänder-
liche, unabhängige Wahrheit allen Daseins und Soseins.
Diese Wahrheit ist eine.[156]
Also ist Amida aus dieser abstrakten Buddhaheit als
Hō-ō-Buddha[157] hervorgegangen und zeigt sich in
verschiedenen Gestalten."[158]

Shinran will hier den Lesern die Kenntnis vermitteln,
daß Amida Hōso-hó-sho (abstrakter Buddha) ist, und daß
Hōso-ho-sho als Ōsō-hó-sho (Buddha in Gestalt) in der
Welt erscheint, denn dieser Sachverhalt ist zum Verständnis der Analyse von Jihi notwendig.

Analyse für Jihi bei Kō-Ryaku-Sōnyu:

Shinran stellt den 11. Wunsch dar, nach dem der Mensch
in dieser Welt die Gewißheit bekommen kann, das Nehan
in der kommenden Welt zu erlangen, und er beweist,

---

154 absolutes Nehan: vgl. S. 57 Anm. 131
155 Mui-hóshin=Hōsho-hóshin ist der abstrakte Buddha, er
    ist farblos, formlos, hat das Wesen der absoluten
    Wahrheit, unabhängig von der Regel des Geschehens
    und Vergehens
156 Shin-nyo: sanskr. bhutatathata
157 Hō: der Mensch wird Buddha in Gestalt
    Ō : der abstrakte Buddha, die Buddhaheit wird
        Buddha in Gestalt
158 Shinkan S. 286

daß Amida in diesem 11. Wunsch schon die vier schönen, herrlichen Tugenden gewonnen hat.[159]

Zudem findet er fünf Methoden,[160], durch die die Menschen Sator erlangen können. Die 5. Methode hat im Gegensatz zu den anderen vier Methoden die Richtung von Amida zum Menschen. Sie ist das Gensō-ekō Amidas.

Shinran sagt: "Shaka-Buddha empfiehlt den Menschen, von dieser Seite ins Jodo zu gehen, aber Amida kommt von jener Seite aus und lädt den Menschen ein."[161]

---

159 Die vier gewonnenen Tugenden (Kudoku-Jōju)
1. Shogun-myosho: die Tugenden Amidas im Jodo werden in allen Welten vernommen und lassen alle Menschen wünschen, dort geboren zu werden
2. Shogon-shu: wenn man im Jodo wiedergeboren wird, kann man die Tugenden Amidas in Ewigkeit behalten, auch wenn man irgendwann wieder in diese Welt kommt, um andere Menschen zu retten
3. Shogon-kensoku: diejenigen, die durch dasselbe Nembutsu Buddha geworden sind, bekommen die Gleichheit im Nehan, daher sind sie alle Geschwister
4. Shogon-shojō: Donran interpretiert: Shogon-shojo sei der Inbegriff der drei obengenannten Tugenden. "Shojō" (rein, sauber) zeigt die entscheidende Charakterisierung des Nehan Amidas: man kann, ohne Bonno in der Welt verlassen zu haben, dieses Shojo-Nehan im Jodo bekommen (Shokan, S. 292)

160 die fünf Methoden:
1. Go-mon: Eintreten in das Tor Nr. 1: Man hält Amidadienst, um im Jodo wiedergeboren zu werden.
2. Dai-e-sho-mon: Eintreten in das Tor Nr. 2: Amida loben, ihm gehorchen, ihn anrufen, im Licht seiner Weisheit gehen.
3. Toku-mon: Eintreten in das Tor Nr. 3: mit Konzentration im Wunsch, im Jodo geboren zu werden, verharren.
4. Oku-mon: Eintreten in das Tor Nr. 4: sich konzentrierend anschauen, das Amida im Jodo erreicht hat.
5. Herauskommen aus dem Tor Nr. 5: das ist **Ekō** Amidas.

161 Shokan, S. 291

Aber Shinran definiert Gensō-Ekō (Herauskommen aus dem
5. Tor) nicht selbst, sondern er zitiert stattdessen
den Satz für Ekō des Jōdo-ron Tenshins[162] und daneben
einen Satz aus dem "Kommentar zu Tenshins Jōdo-ron"
von Donran.

Tenshin: "Herauskommen aus dem 5. Tor bedeutet: Amida,
der alle kummervollen Menschen mit Jihi beobachtet, zeigt sich als Buddha in Gestalt,
kommt zur Welt und lehrt die Menschen die
Wahrheit."[163]

Donran: "Gensō" bedeutet: Amida, der in der jenseitigen
Welt geboren ist, kommt durch Konzentration,
Beobachtung[164] und die Kraft, Hōben (die Kraft,
Gestalt anzunehmen) zur Welt, lehrt die Menschen
die Wahrheit und läßt sich alle dankbaren Men-
schen gemeinsam zum Wege Buddhas bekehren."

Aus der Analyse und Interpretation dieser beiden Sätze
leitet Shinran zunächst zwei Quellen ab:
Kō[165] und Ryaku[166].
Kō entspricht Hōben - hósho (gestalthafte Buddhaheit)
und Ryaku entspricht Hōsho-hóshin.
"Es gibt zwei Weisen der Buddhaheit für die Buddha und
Bosatsu. Eine ist Hoshō-hóshin) abstrakter Buddha), die
andere ist Hōben-hóshin (gestalthafter Buddha).

---

162 Vgl. S. 45ff, Shinkan S. 266 (Ausgabe Ōya, S. 212)
163 Shokan, S. 292 ff; Shinkan vermischt hier nicht
    Tenshins Zitat mit dem Donrans.
164 Beobachtung: aus der jap. buddh. Interpretation:
    sanskr. samatha u. vipasyana. Donran übersetzt nicht
165 Kō: bedeutet "breit"; die Tugenden und Schönheiten
    im Jodo sind verschiedene und realtiv. S. 301
166 Ryaku: bedeutet "eng"; das Wesen Buddhas ist eins, gleich
    und absolut, S. 301

Hōben-hóshin geht aus Hōsho-hóshin hervor und umgekehrt, Hōsho-hóshin aus Hōben-hóshin. Diese beiden sind verschieden aber untrennbar, eins aber ungleich, deshalb besteht die Buddhaheit im Verkehr von Kō und Ryaku. Wenn Bosatsu nicht in diesem Verkehr von Kō und Ryaku existierte, könnte er weder sich selbst noch andere Menschen retten."[167]

Damit will Shinran festlegen, daß in Amidas Wesen die Notwendigkeit, auf der Seite der Menschen zu erscheinen, als eine natürliche Regel gegründet sei, und umgekehrt, im Menschen die natürliche Regel, Buddha zu werden.

Nach einer langen, komplizierten Beweiskette kombiniert Shinran die absolute Weisheit als Charakteristikum für das Wesen Amidas, d.h. auch des eigentlichen Wesens aller Dinge, mit dieser natürlichen Regel des Verkehrs zwischen Hōsho-hóshin und Hōben-hóshin. Das bedeutet: die Buddhas in der Welt erscheinen gemäß des Kō-Ryaku-Sōnyu; bei dem Erscheinen Amidas in der Welt, das heißt, beim Erscheinen der absoluten Weisheit, heißt die Regel des Erscheinens Ekō. Ekō aber zerlegt Shinran in Chi-e (Weisheit), Jihi (Gnade) und Hōben (Methode).

1) "Chi",[168] sanskr. jnana, bedeutet: gehen und nicht zurückhalten. Wegen "chi" sucht man kein Selbstvergnügen.
   "E"[169] bedeutet: Ku-muga[170] zu verstehen. Durch "e" ist der Trieb der Selbsterhaltung überwunden.

---

167 Shokan, S. 301 - 302
168 Chi, sanskr. jnāna: die weltliche Erkenntnis, die man durch Erfahrung und Ausbildung bekommt. Mit dieser kann man die Lehre und Bedeutung von Hōben verstehen
169 E: entspricht Hannya, sanskr. prajnā, die wesentliche Erkenntnis, durch die man die absolute Wahrheit der Buddhaheit erkennen kann (Shokan, S. 308)
170 Ku-muga: Ku bedeutet: Leerheit, Unabhängigkeit von den Phänomenen; muga, sanskr. anātman, bedeutet: das Nicht-Ich (Shokan, S. 307)

2) "Ji" bedeutet: den Kummer auszurotten. Wegen "Ji" ist
der Kummer von den Menschen genommen.
"Hi" bedeutet: jemandem Ruhe zu geben. Wegen "hi"
werden die Menschen frei von Sorgen.
3. "Hō" bedeutet: Ehrlichkeit (keine Lüge zum eigenen
Vorteil). Durch "ho" bekommt man ein Herz, das sich
der anderen Menschen erbarmt.
"Ben" bedeutet: außerhalb seiner selbst zu sein.
"Ben" verhindert die Selbsterhebung.

Bei dieser Analyse findet Shinran heraus, daß "e" aus
"Chi-e" Hannya[171] bedeutet, und daß "Chi" von "Chi-e"
und Jihi in Hōben zusammengefaßt sind.[172]
"Hannya" ist e, durch die man die Buddhaheit erreicht,
Hōben ist chi. Chi ist der Weg (die Art und Weise),
durch den Buddha die Menschen rettet."
Daher "sind Chi-e, Jihi und Hōben in den beiden Begriffen Hannya und Hōben zusammengefaßt."[173]
Hannyas Wesen ist Ruhe und Weisheit; Hōbens Wesen ist
Bewegung, Kraft.[174]. Beide wirken untrennbar zusammen.

Wenn er (Amida) nicht aus Hannya und Hōben hervorgegangen wäre, könnte er die Regel des Bosatsu nicht
verwirklichen. Warum? Weil er der Falschheit verfallen müßte, wenn er ohne Hannya die Menschen retten
wollte.

---

171 Hannya, sanskr. parjña, die absolute Weisheit,
durch die man das Wesen der Buddhaheit erkennen kann
172 Shokan S. 301, genannt: Myogi-settai, das bedeutet:
verschiedene Namen unter einem Inhalt zusammenzufassen
173 Shokan, S. 308 ff
174 Shokan S. 309

Wenn Amida ohne Hōben wäre, könnten die Menschen nur
Myo-nehan[175] erlangen."[176]

Also ist die Gnade Amidas (Jihi) in Hōben eingegangen,
und Hoben muß in Hannya eingehen. Wenn Amida im Zustand
der Ruhe ist, erscheint Hōben (Gestalthaftigkeit) nicht,
sondern er verbleibt in Hannya in verschiedenen Sichtbarkeiten in Hōben, wenn die absolute Weisheit Amidas in
Hōben erscheint, rottet sie allen Kummer der Menschen aus
und gibt ihnen Ruhe. Dieser Vorgang aber wird durch Jihi,
Gnade, ausgedrückt.

Aber in diesem Sachverhalt, Jihi, findet sich kein Wille
sondern eine Regel der Natur. So, wie Wasser unter bestimmten Bedingungen aus Eis hervorgeht, so geht Jihi
aus Hannya hervor, unter der Bedingung von Kō-ryako-sōnyu.
"Das Eis, Bonnō, löst sich in Wasser, die Tugend Satoris
auf."[177]

Oder anders gesagt: Das Wesen Amidas ist Weisheit, das
Wesen der Weisheit ist anātman, anātman besteht in der
absoluten Leerheit. Das Bedeutet also: das Movens für
die Gestaltnahme, für die Rettung ist nicht in menschlicher Analogie, wie z. B. Liebe, zu sehen, sondern es
ist eine Naturregel.[178]

Eben das findet man auch, wenn man die Zitate von Donran
über Gensō-Ekō und Tenshin, die Shinran nebeneinander
stellt, vergleicht. (Vgl. S. 67):
Im Satz Donrans findet man statt Jihi "Konzentration."[179]

---

175 Muyo-nehan: muyo bedeutet, keine Verbindung mit der
    Gestalt
176 Shokan S. 309
177 Ōe und Ōhara, Shinshuseiten, Kōsō wasan 157, S. 533
178 Kaneko Daiei, Shinshuseiten I, Shokan S. 39, Anm. 10:
    Von Hannya aus hat Amida keinen Gegenstand, den er
    retten soll. Alles ist für ihn Nichtigkeit, Leerheit
179 Konzentration, sanskr. śamatha, die Weisheit in der
    Ruhe, die man durch das Aufhören aller Vorstellungen
    und Vermutungen und durch die Konzentration bekommt

Und zwischen Konzentration und Gestaltnahme vermittelt "Beobachtung".[180]

In dem entsprechenden Satz Tenshins findet sich "beobachten" (kansatsu), um den Prozeß zu kennzeichnen, in dem Amida aus Gnade Gestalt annimmt. "Konzentration" und "Beobachtung" (śamatha und vipaśyanā) spielen im Buddhismus eine wichtige Rolle.[181] Wenn man sich auf eine Sache konzentriert, gelangt man zur Weisheit, beobachtet man eine Sache, dann wünscht man so zu werden und wird wirklich so.
Das ist auch die Theorie der Methode des Okumon[182] (Eintreten in das Tor Nr. 4). Nach der Methode des Shutsudaugo-mon (Herauskommen aus dem Tor Nr. 5 ist die Richtung gewechselt, das bedeutet, die Theorie der Beobachtung und der Konzentration läßt sich auf Amida beziehen.

"Amida konzentriert sich immer in seiner Buddhaheit auf die Menschen", und er erkennt genau die Verfälschung des Menschen durch den Vergleich mit der Richtigkeit seines Wesens. Aber Amida kann nicht solche Verfälschung annehmen, weil sein Wesen das wahre, unänderbare ist". Sondern, "er verbrennt mit dem Feuer seiner Weisheit die Gräser und Hölzer des Bonnō aller Menschen."[183]

Also ist Jihi Amidas "śamatha und vipaśyana" (Konzentration und Beobachtung) der Menschen, nicht Wille oder Liebe, und nicht frei, sondern an die Regel gebunden.

---

180 Beobachtung, jap. kansatsu, sanskr. vipaśyanā.
   (mit samatha beobachtet man den Gegenstand, d.h. die Regel des Jodo, die Regel des Kō-ryaku-sōnyu
181 Vgl. Konzenteration Shakas in der Heiligengeschichte des Königs Ayase, S. 66, Anm. 141
182 Okumon, S. 61 Anm. 21,4
183 Shokan, S. 306

Zehn Vorteile der Gnade Amidas im Leben

Shinrans Lehre über die Gnade, entstanden im Kontakt mit den Laien; erschöpft sich nicht in der theologischen Analyse und Erklärung. Er weist auch auf ihren praktischen Sinn im Leben hin, durch die Darstellung von zehn sichtbaren Vorteilen der Gnade Amidas im Leben.

"Wer das unbewegbare, zweifelsfreie Herz bekommen hat, kann den Goshyu-hatchinan-Weg[184] verlassen und bekommt sicher die zehn Gnadenvorteile im Leben."[185]

Diese zehn Vorteile sind:

1. Myoshyugogi: die guten Engel schützen den Menschen
2. Shutoku-gusoku: er trägt die Tugend des Namens Amidas
3. Tenakujozen: er gelangt vom Bösen zur Güte
4. Shyo-gutsu-gonen: die Buddhas sorgen für ihn und schützen ihn
5. Shyo-butsu-shosan: die Buddhas loben ihn
6. Shiko-jogo: er wird im Licht der Buddhas geschützt
7. Shinta-kangi: er bekommt viele Freuden durch die Gewißheit, in der kommenden Welt geboren zu werden.
8. Chion-hōtoku: er leistet Tugend, um den Buddhas zu danken
9. Jōgo-dai-hi: er wirkt die Werke der Gnade Amidas, die den anderen immer helfen.
10. Nyo-sho-jōju: er bekommt die Gewißheit, zu den Geretteten zu gehören.

---

[184] Goshyu: die fünf Welten, in die die Menschen gemäß ihrer Werke gehen müssen: Hölle-, Hunger-, Tier-, Menschen-, Himmel-Welt.
Hatchinan: acht schwierige Möglichkeiten, die Lehre zu hören: Hölle, Hunger, Tier ...usw., Shinkan, S.234
[185] Shinkas, S. 234ff

Diese Formulierung der zehn Vorteile erscheint später unter dem Titel: "Gentō-nisei no rieki" (Vorteile im Leben und in der kommenden Welt).

Das Mißverständnis der Trikaya

Nishi Utsuki hat in seiner Schrift "Shin Sect" (1937) das Verhältnis zwischen Hōsho-hóshin, Amida und Shaka als "the Trikaya of the Buddha" interpretiert, und zwar bestehend aus "Dharma-kaya, Sambhoga-kaya und Nirman-kaya".
"The Lord of Law for evermore replendet, luminous. As pitious is He for us in dark from Ignorance,
Hath come appearing in the Happy Land of Peace and Joy
As Buddha 'mida of the Light immence and Measureless.

Thou, Buddha 'mida of Eternal Truth, again hath come,
with Thy Compassion Great for us in the corruption five,
In stately palace Kapila to manifest Thyself
As Lord the Buddha Çākyamuni Sage, the Holy One."

"This means that the Ultimate Law-body manifested itself as the Accomodated Law-body, or Amida-butsu in the Pure Land, and that He in turn incarnated as Çākyamuni, the Buddha in this world, for the purpose or saving us with the Great Compassion. These three bodies - namely Dharma-kaya, Sambhoga-kaya and Nirmana-kaya - are called the Trikayas of the Buddha, Of course , they are three in one." (S.9f)

Dharma-kaya ist Hōsho-hóshin, Nirmana-kaya ist Hōben-hóshin, darin liegt kein Problem. Aber Sambhoga-kaya hat keine eigene Position im Sinne der Trinität bei Shinran, sondern sie ist die Kategorie von Nirmana-kaya

zu denken, ebenso wie Jihi in Hōben eingegangen ist.[186]
Hōben-hōshin umfaßt zwei Arten der Buddhaheit:
Ō-shin, der sichtbare Buddha, der aus der abstrakten
Buddhaheit hervorgegangen ist und Gestalt angenommen
hat.

Nach Shinran ist er jedenfalls Nirmana-kaya, ob er im
Jōdo bleibt oder Mensch wird. Hōben-hōshin 方便法身
ist außerdem Hō-shin 報身 , der sichtbare Buddha,
hervorgegangen aus einem Bosatsu (sanskr. bodhisattva)

Aber nicht nur Shaka ist Nirmana-kaya sondern alle, die
Buddha geworden sind. Auch gibt es viele Sambhoga-kaya,
z. B. Yakushi-hyorai, der mit zwölf Wünschen besonders
die Kranken heilt und rettet, nicht nur Amida.

Es gibt also nur zwei kaya, Dharma-kaya und Nirmana-
kaya, die auch Sambhoga-kaya umfaßt. Diese beiden
kayas sind als eine Einheit zu verstehen.
Ihre unterschiedliche Charakterisierung ist Ruhe und
Bewegung. Es kann also nicht von "Trikaya" die Rede sein,
die mit der Trinität des christlichen Glaubens verglichen werden könnte oder gar gleichgesetzt.

Was das Problem der Inkarnation betrifft, so sagt Shinran
übrigens nie ausdrücklich, daß Amida als Shaka Mensch
geworden sei. Die Interpretation Utsukis als Inkarnation
geht auf "ogen-suru, 応現する ", "in turn incarnated"
zurück. Aber daraus allein auf Inkarnation zu schließen,
ist ein schwacher Beweis, weil das Wort normalerweise

---

186 Shinran sagt: "In bezug auf Buddha gibt es zwei
Arten der Gestalt (Hōshin). Eine ist Hōsho-hōshin
(unsichtbar). Die andere ist Hōben-hōshin (sichtbar)
(Yuishin sho moni, S. 643, Kaneko, Shinshuseiten II

"augenblickliches Erscheinen" (wie Engel, oder wie im Traum) bedeutet. Nach dem Dai-mu-ryo-ju Kanon erscheint Amida einen Ausgenblick in Shaka.[188]

---

[188] Dai mu ryo ju Kyo, ōe und ōhara, Shinshuseiten, S. 11 ff

(2) Gnade bei Luther

Der Übersetzungsmöglichkeit und ihrer Charakterisierung entsprechend wird Jihi im folgenden mit Gnade und Barmherzigkeit verglichen, obwohl misericordia und gratia trotz der Vermischung, der sie manchmal unterliegen, eigentlich unterschiedliche Bedeutung haben. Als Vergleichsmethode bietet sich die Gegenüberstellung von Jihi und der "Liebe Gottes", wie sie sich in der Bibel darstellt, an, unter dem Titel, Jihi und die Liebe Gottes. Aber den japanischen Christen liegt daran, zu zeigen, daß das entscheidende Charakteristikum Gottes seine Liebe sei, die Amida fehlt. Schließlich soll untersucht werden, ob Amidas Charakter etwas aufweist, das mit der Liebe Gottes verglichen werden könnte.

a) Barmherzigkeit - Erbarmen

Das zu Jihi gehörige Verb[189] entspricht sehr eng dem deutschen "sich erbarmen".
Luther unterscheidet "ich erbarme mich" von "ich werde barmherzig sein". Wenn Gott die Höllenstrafe erläßt und Sünden vergibt, dann verzeiht er, dann ist er barmherzig; wenn er aber Gnade gibt und das Himmelreich, dann erbarmt er sich.[190] Luther versteht also die Barmherzigkeit nicht in einem analogen Sinn zu menschlicher Barmherzigkeit sondern im theologischen Sinn, in einer ganz bestimmten Bedeutung.

Durch die Geschichte von der Erwählung Jakobs vor Esau kann man zu erst erkennen, daß die Barmherzigkeit Gottes vollkommen souverän ist, und von der Seite des Menschen nicht gefordert oder veranlaßt werden kann. Es gibt

---

[189] awaremu, kōai-suru, renmin-suru
[190] WA 56,398

keinen sichtbaren Grund für die Barmherzigkeit Gottes, nur soviel läßt sich erkennen an dem Wohlgefallen, den Abel vor Gott findet, daß Gott nicht unsere Geltung nach menschlichem Maßstab oder unsere Werke, sondern unser Inneres und den Glauben ansieht.[191]
Mit der Geschichte vom Verhalten des Pharao gegenüber den Israeliten betont Luther, daß der Exodus, die Rettung, allein durch das Erbarmen Gottes geschieht. Durch die Macht Pharaos muß Israel erkennen, daß es aus eigener Kraft niemals entrinnen könne. Sein Wollen und seine Werke sind abgelehnt worden, was ihm bleibt, ist nur das Vertrauen auf die Barmherzigkeit Gottes, auf die nackte Barmherzigkeit. In dieser Geschichte ist die Barmherzigkeit Gottes ganz offen zutage getreten.

Häufiger allerdings zeigt sich die Barmherzigkeit Gottes unter dem Paradoxon, im Verborgenen: So beschließt z. B. Gott Menschen unter der Sünde. Das erscheint grausam, ist aber doch Barmherzigkeit, insofern die Menschen ihrem Hochmut, zu glauben, aus eigener Kraft gerecht werden zu können, zerbrechen müssen und erkennen, daß Gott allein Gerechtigkeit und Heil schafft.[192]

An der Geschichte Naemans wird das Verhältnis von Barmherzigkeit und Gnade deutlich: Luther stellt Naeman dar als einen von denen, die durch zuvorkommende göttliche Barmherzigkeit mit Licht und Gnade beschenkt worden sind. Das bedeutet, die Gnade geht aus der Barmherzigkeit hervor.

Luther benutzt diese Geschichte allerdings, um die Kindschaft Abrahams zu erläutern, insofern nämlich deutlich wird, daß Gott seine Gnade jedem, auch den Heiden gibt, wenn sie nur glauben.[193]

---
191 WA 56,4
192 WA 56,91
193 WA 50,198

Diese werden durch den Glauben Kinderr Abrahams und haben
so am Segen und der Verheißung Abraham teil.

So läßt sich im AT klar erkennen, daß die Barmherzigkeit
gottes nicht allein darin besteht, von der Ausübung
seines Zornes und der Höllenstrafe abzusehen, sondern
positiv darin, Gnade zu geben. Das bedeutet: Gnade folgt
aus Barmherzigkeit. Barmherzigkeit ist nicht durch Wollen
oder Werke erreichbar, die Menschen können nur auf sie
vertrauen, weil sie in der Geschichte des Exodus offen
erschienen ist. Deshalb kann sich das Vertrauen auf die
eigentlich verborgene Barmherzigkeit richten.

b) Gnade und ihr Verhältnis zur Barmherzigkeit

Als Ausgangspunkt, um den Unterschied und das Verhältnis
von Barmherzigkeit und Gnade herauszufinden, dient folgendes Zitat: "alle Menschen solcher Art sind durch einen besonderen Akt zuvorkommender göttlicher Barmherzigkeit
mit soviel Licht und Gnade beschenkt worden".[194] Nach
diesem Satz läßt sich, wie schon gesagt, festhalten:
Gnade geht aus Barmherzigkeit hervor.

Barmherzigkeit wird erkennbar nur auf der Seite Gottes,
d.h. als eine Gesinnung Gottes, aus der er die Menschen
in Sünde beschließt und zum Gesetz treibt, um sie daran
ihre Sünden erkenen zu lassen und gleichzeitig seine
alleinige Macht, sie zu retten. Gnade aber ist auf der
Seite des Menschen bemerkbar, d.h. wenn die Barmherzigkeit
Gottes etwas im Menschen bewirkt, so fühlt er dieses als
Gnade. Zur Gnade getrieben wird der Mensch durch das Gesetz,[195] d.h. durch die Erkenntnis der Sünde und der Unerfüllbarkeit des Gesetzes; durch diese Erkenntnis wird
ihm deutlich, daß Gnade allein von der Sünde befreien kann.[196]

---

194 WA 56, 188   195 WA 2, 527
196 WA 56, 201

Das Wesen der Gnade

Das eigentliche Wesen der Gnade besteht darin, die Sünde des Menschen wegzunehmen. Daraus ergibt sich, wie Luther auch ausdrücklich betont, daß Gnade nicht nur eine dem Menschen günstige Gesinnung sei, sondern etwas, das sich tatsächlich in der Wirklichkeit erweist. Das zu betonen ist deshalb notwendig, weil im Verständnis von "Rechtfertigung durch Gnade" als Zurechnung der Gerechtigkeit Christi die Gnade außerhalb des Menschen, innerhalb Gottes gedacht wird. So besteht die Gefahr, anzunehmen, daß Gnade überhaupt keine Wirkung im Leben des Menschen hätte.[197]

Ihre Wirkung entspricht jedoch nicht der menschlichen Erwartung, sie erscheint unter negativen Phänomenen. "Sie ist eine geistliche und verborgene Gnade", das bedeutet, ".....wenn dies geschieht, verliert man bald Gnade und Frieden bei Menschen, Welt und Fleisch, d.h. bei sich selbst."[198]

Verborgene Gnade bedeutet also "Krieg außen, Friede innen"[199] oder Zwiespalt zwischen "Gnade Gottes und Ungnade der Welt, Gnade der Welt und Ungnade Gottes."[199] Demnach ist die Gnade "nicht den Sinnen zugänglich und erfahrbar in seiner Süßigkeit, wenigstens nicht immer, sondern unsichtbar und durch den Glauben". "Denn 'der Friede Gottes ist höher als alle Vernunft' (Phil.4,7), d.h. er ist nicht zu erfassen außer im Glauben."[200] Obwohl die Gnade verborgen ist, gibt es keine Entschuldigung für die unüberwindliche Unwissenheit des Menschen in bezug auf das, was die Gnade Gottes bei uns zu voll-

---

197 WA 2, 511; Gal. s. 277
198 WA 2, 456
199 WA 2, 457

bringen vermag, "denn alle Dinge sind möglich dem, der da glauben"[201] (Mk. 9,23) "Aber das seufzende Bekennen und eingestehen der unüberwindlichen Unwissenheit, das entschuldigt, oder besser: das erwirkt die Gnade." [202]

Die Wirkung der Gnade als Gabe

Luther faßt die Gnade als eine Gabe Gottes auf.[203] Das trifft insofern zu, als Gnade das Werk Gottes im Menschen, also auf menschlicher Seite ist. Aber es verhält sich nicht so, daß der Mensch mit Hilfe dieser Gnade gute Werke leistet, sondern Gott wirkt solche guten Werke im Menschen. Das Werk der Gnade geschieht durch Gottes Wirken allein, nicht "cooperatur" wie nach scholastischer Denkweise.

a) Auch die Rechtfertigung ist eine Gabe der Gnade, aber sie ist eine unsichtbare Gabe, so wie auch die Erbsünde unsichtbar ist.[204]

b) Die Wirkung der Gnade ist eine erneuernde. Sie verwandelt in einen neuen Menschen, d.h. der Geist wird gerechtfertigt, damit wird die sündliche Begierde des Fleisches überwunden, dann werden auch die Werke andere sein.[205]

c) Die Gnade gibt dem Menschen die rechte Anschauung (das Licht der Gnade) Gottes; sie besteht darin, daß er alles als zur Ehre Gottes gereichend ansieht, vertraut und seine Selbstsucht verlieren will. Das ist das "rechte Herz" und der "rechte Geist" des Menschen.[206/207]

---

201 WA 2, 538
202 WA 2, 538
203 "Die Gnade Gottes aber und die Gabe sind ein und dasselbe, eben die Gerechtigkeit, die uns umsonst gegeben wird durch Christus." WA 56, 318
204 WA 56, 318 / 205 WA 56, 335
206 WA 56, 357 zu Ps 7,12; 78, 37; 51,12;
207 Die natürliche Anschauung (Licht der Natur) ist das völlige Widerspiel "zur rechten Anschauung der Gnade. Sie ist das "verkehrte Herz" und "gottlose Herz", Ps, 10 WA 56, 357

d) Die Gnade befreit den Menschen von der Knechtschaft, von der Furcht vor Strafe durch das Gesetz, und sie macht ihn willig, die Werke des Gesetzes zu erfüllen, hauptsächlich aber das erste Gebot.[208]

e) Die Freiheit vom Gesetz durch die Gnade erscheint in der Wirklichkeit als die Erfüllung des "allergeistlichen Gebots", den Nächsten zu lieben wie sich selbst. "So sind wir also "zur Freiheit berufen": wir tun das ganze Gesetz, wenn der Nächste dessen bedarf",[209] "durch die Gnade aber wird es erfüllt. "Diesem einzigen Gesetz dienen wir in der Liebe."[209] Die Gnade gibt uns also die Liebe zu Gott und dem Nächsten.

f) Nachdem Luther in der Vorlesung über den Römerbrief erklärt hat, daß Gnade als Gabe zu verstehen sei, stellt er die "erste Gnade" dar. Die erste Gnade unterscheidet sich von allen anderen Gnadengaben, auch von der Rechtfertigungsgnade. Das Charakteristische für diese erste Gnade ist ihre Wirkung, nicht der konkrete Inhalt. Damit will Luther die Alleinwirksamkeit Gottes hervorheben.

Der Grund der Gnade

Luther erkennt das Wesen der Gnade als Liebe.[210] Aber im Verhältnis Gottes zum Menschen erscheint vielmehr der Zorn Gottes als seine Liebe.[211]

---

208 WA 56, 336
209 WA 2, 575
210 WA 18, 724
211 WA 18, 784, zu Eph. 2,3

Luthers Bestreben während der Klosterzeit, die Gnade Gottes aufgrund seiner Liebe zu erlangen, war fehlgeschlagen. Er hätte diese Gnade bekommen müssen, weil Gott Liebe ist, aber ihm erschien nur der zürnende Gott. Später erkennt Luther: von der Liebe Gottes, deshalb weil sie sein Wesen ist, die Gnade zu bekommen, ist unmöglich, so sagt er in seiner Predigt zu Mt. 5, 18[212], weil Barmherzigkeit und Gnade keinen Raum über uns und in uns findet, zu wirken, bevor wir gerecht gemacht worden sind. Unsere Rechtfertigung ist notwendig zur Genugtuung für den Zorn Gottes. Wenn der Mensch, ohne auf den Zorn Gottes zu achten, die Gnade von seiner wesenhaften Liebe erlangen will, schadet er der Majestät Gottes, weil er seinen Zorn nicht ernst nimmt. Will der Mensch selbst, durch eigene Werke dem Zorn Gottes Genugtuung verschaffen, vernichtet er die Liebe Gottes und schwächt den Zorn in seiner Bedeutung.

Im Verhältnis zum Menschen steht Gott in einem Widerspruch zwischen seinem Liebeswillen und Zornwillen. Er gibt den Menschen aber keine Möglichkeit, durch ihre Taten darauf Einfluß zu nehmen. Gott hat diesen Widerspruch durch die Hingabe seines Sohnes gelöst. Nach Th. Harnack muß diese Lösung Versöhnung sein, "und die Versöhnung ist die absolute Notwendigkeit in Gott."[213] Aber dieser Lösungsweg der Versöhnung, die Hingabe seines Sohnes, geschah aus dem freien Willen Gottes, nicht aus irgendeinem Zwang oder einer Beschränkung seiner Macht. Gott ist allmächtig. Wenn der Mensch die Gnade umsonst bekommen könnte, weil Gottes Wesen Liebe ist, so könnte er auch dem entsprechenden Grund auch den Zorn umsonst erfahren. Aber wir erfahren schließlich wegen

---

212 Th. Harnack, Luthers Theologie, S. 246
213 Th. Harnack, Luthers Theologie, S. 242

Christus nicht Zorn sondern Gnade. Warum aber liebt Gott
die Menschen so, daß er seinen Sohn hingeben wollte? Luther
antwortet hierauf: "aus grundloser Barmherzigkeit dazu ge-
sandt, solches auszurichten, ohne Zweifel war das ja un-
verdienet und eitel grundlose Barmherzigkeit, daß Christus
zu uns kommen sollte uns besuchen, und uns solche Vergebung veridenen und erwerben zur ewigen Seligkeit."[214]

So ist also der Grund der Gnade: der freie Wille Gottes
und Grundlosigkeit.
Demnach hätte Gott also die Möglichkeit, Barmherzigkeit
und Gnade zu verweigern. Auf diese Möglichkeit geht
Luther in seiner Schrift "De servo arbitrio" ein.

So muß also, um den Unterschied zur absoluten Jihi Amidas zu verdeutlichen, nachgeprüft werden, was Luther
in "de servo arbitrio" über die Freiheit der Barmherzigkeit Gottes äußert.

Freie Barmherzigkeit Gottes in "De servo arbitrio"

In dieser Schrift erscheint die freie Barmherzigkeit Gottes als Prädestination in doppeltem Sinn: Gott rettet diejenigen, die er retten will und verdammt diejenigen,
die er verdammen will. Es wäre gefährlich, durch Parallel-
stellung dieses Satzes Luthers mit einer entsprechenden
Aussage Shinrans beide zu vergleichen, weil die Interpretation dieses Satzes Luthers nicht gesichert ist. Was
Luther mit diesem Satz wirklich gemeint hat, ist noch
fraglich. Im Folgenden werden drei Sätze ähnlichen Inhalts
aus "De servo arbitrio" zitiert und unter der Fragestel-
lung, ob die Gnade allen Menschen angeboten sei, analysiert:

---

214 WA 17, I 316

1) Atque hoc ipsum est, quod liberum arbitrium cogit nihil esse, quod aeternus et immutabilis sit amor, aeternum odium Dei erga homines....omniaque necessario in nobis fieri, secundum quod ille vel amat vel non amet ab aeterno..."[215]

2) "At cum immeritos demnat, quia incomodum sibi est, hoc iniquum hob intolerabile est...."[216]

3) "Hic es fidei summus gradus, credere illum esse clementum, que tam paucos saluat, tam multos demnat, credere iustum, qui sua uoluntate nos necessario damnabiles facit....."[217]

Zum ersten Zitat:

Das erste Zitat in seinem Kontext will die Geschichte von Jakob und Esau erläutern. Was diese Geschichte, deren Kern die unverständliche Auswahl Jakobs vor Esau ist, von der Geschichte der Verstockung des Pharao beim Exodus des jüdischen Volkes unterscheidet, ist die Prädestination vor der Geburt. Die Situation vor der Geburt schließt die Vernunft und den freien Willen des Menschen aus. Die Haltung Gottes gegenüber beiden, Jakob und Esau, ihnen Liebe oder Zorn zu zeigen, ist in der absolut gleichen Situation als Zwilling im Schoß der Mutter. Diese Situation ist die größtmögliche Gleichheit eines Zustandes, die die Menschen sich vorstellen können. Daran wird deutlich, daß der Wille und der Verdienst des Menschen für die Wahl oder Verwerfung, für die Zuwendung in Liebe oder im Zorn keine Rolle spielt. (liberum arbitrium cogit nihil esse)

---

215 WA 18, 724f
216 WA 18, 730
217 WA 18, 633

So ist der Wille des Menschen vor Gott unfrei. Demgegenüber ist der Wille Gottes absolut frei, die Regel für alle. (ipsa est regula omnia)[218]

Der Wille Gottes, Liebe oder Zorn zu zeigen, gilt nicht nur vor der Geburt sondern schon vor der Schöpfung, von Ewigkeit her. (....quod aeternus et immutabilis sit amor, aeternum odium Deierga homines)

Die Liebe Gottes existiert nicht nur als sein Wesen sondern auch in ihrem modus von Ewigkeit her. Diese vorherbestimmte Liebe muß also in vorherbestimmter Weise notwendig an uns geschehen. (non solum amor Dei, sed etiam modus amandi necessitatem nobis inferat)

Aber Gottes Auswahl und die Art, wie sich seine Liebe oder sein Zorn äußert, ist unfehlbar. (infallibiliter futurum fuisse)[219] Diese Denkweise beweist Luther mit der omnipotentia des Willen Gottes, die er aus 1.Kor. 12,6 ableitet.[220]

Das "omnis quae necessario in nobis fieri" des ersten Zitats ist an anderer Stelle noch deutlicher erklärt: "omnis quae facismus, omnia quae fiunt, etsi nobis uidentur mutabiliter et contingenter fieri, ruera tamen fiunt necessario et immutabiliter, si Dei uoluntatem spectes. Voluntas enim Dei efficax est,"[221] und der Kern ist: "si Deus aliquid vult, necesse es ut ipsum fiat...."[222]

Mit dieser Darstellung der omnipotentia Gottes ist Luther aber nicht dem Gedanken verfallen, daß Gott nach der Schöpfung kein Verhältnis mehr zu dieser habe, wie es später im Deismus vorgestellt wird. Luther hat die Gefahr dieses Gedankens gesehen und mit dem Beispiel

---

218 WA 18, 712
219 WA 18, 720
220 Althaus, Die Theologie Martin Luthers, S. 238
221 WA 18, 615
222 WA 18, 617

eines Zimmermanns abgewehrt. Er sagt, nicht nur muß Gottes Wille in uns geschehen sondern alles und allein in uns wirken. "Hoc enim nos asserismus et contendimus, quod Deus, cum citra gratiam spiritus operatur, omnia in omnibus, etiam impijs, operatur, dum omnia, quae condidit solus, solus quoque movet, agit et rapit omnipotentiae suae motu,...."[223]

Zum 2. Zitat:

Gottes Zuwendung zum Menschen entweder in Liebe oder im Zorn entspricht im zweiten Zitat der Prädestination zum Heil oder zur Verdammnis. Jedem, nicht nur Erasmus, erscheint es ungerecht, und er stößt sich daran, daß Gott "immeritos damnat, indignos coronat".

Luther beurteilt solche Kritik als menschlichen Egoismus: wenn Gott sich derjenigen erbarmt, die unwürdig sind, so akzeptieren die Menschen dieses, ohne es als ungerecht zu empfinden: verdammt er aber diejenigen, die es nicht verdient haben, so will der Mensch Gott deshalb anklagen. Nach dem Maßstab der Vernunft müssen beide Fälle gleich ungerecht erscheinen. Man hält aber nur die Verdammung derjenigen, die es nicht verdient haben, für ungerecht; darin wird der Egoismus der Vernunft deutlich.
Was "indignos coronat" betrifft, so erklärt Luther, es bedeutet nicht, Kain ist gekrönt worden. Kain ist der Ungläubige. "indignos coronat" bedeutet also nicht, der Ungläubige wird gekrönt.

Die Interpretation, Prädestination zur Verdammnis ohne Schuld, ist nicht möglich; indignos und immeritos muß man innerhalb des Glaubens an Christus verstehen. So sagt Luther: "Ita quomodo hoc iustum sit, ut immeritos

---

223 WA 18, 753

damnet, incomprehensibile est modo, creditur tamen, donec revelabitur facie filius hominus."[224] Luther führt hier plötzlich ohne Zusammenhang Christus zur Lösung des scheinbaren Widerspruchs ein. Der Schlüssel zur Lösung des Prädestinationsproblems liegt bei Christus; wie durch Christus dieses Problem gelöst ist, wird für den Leser in diesem Zitat jedoch nicht deutlich, darauf weist erst das dritte Zitat hin.

Zum 3. Zitat:

Im dritten Zitat ist die Prädestination am schärfsten formuliert: nicht nur, daß Gott unabhängig vom Verdienst des Menschen erwählt und verdammt, s. erstes Zitat, und den Maßstab menschlicher Vernunft mißachtend indignos coronat und immeritos damnat, s. zweites Zitat, sondern viele verdammt er, und nur einen kleinen Teil rettet er: "tam paucos saluat, tam multos damnat", und "aus voluntate nos necessario damnabiles". Daher ist es die höchste Glaubensstufe, trotz dieser strengen Prädestination an die Gerechtigkeit Gottes zu glauben. Wie ist das aber möglich? Luther löst das Problem mit dem Glauben an den verborgenen Gott, d.h. damit, daß "die unaussprechliche Güte und Barmherzigkeit unter ewigem Zorn" zu finden sei.[225] Durch den Zorn wird der Mensch demütig und erkennt seine Sünde. Je stärker man den Zorn fühlt, desto klarer erkennt man seine Sünde, desto demütiger wird man. Wenn man nicht nur an die Wahl der Verwerfung Gottes aus Liebe oder Zorn , an paucos saluat, tam multos damnat" glauben kann, so ist das tiefste Demut, gründlichste Sündenerkenntis und gleichzeitig die höchste Glaubensstufe. In solchem Glauben zittert der Mensch vor dem verborgenen Willen Gottes und seiner Majestät und verzichtet darauf, dessen Grund zu erforschen.

---

224 WA 18, 731
225 WA 18, 633

Stattdessen soll sich der Mensch nur mit dem Deus praedicatus befassen, da nämlich ist Gott als Deus revelatus zu finden. Wenn sich Gott verbirgt, will er von uns hier nicht erkannt sein. Was über uns ist oder was uns zu hoch ist, geht uns nichts an.[226]

In der Genesisvorlesung, in der sich Luther nochmals mit dem Problem der Prädestination auseinandersetzt, kommt er zu der Lösung, daß der verborgene Gott als Deus praedicatus in Christus als Deus revelatus erscheint: "Si filium agnoscis, et voluntatem eius, quod velit se tibi revelare, quod velit tibi esse Dominus et Salvator tuus. Igitur certus es, quod Deus etiam tuus Dominus et pater sit."[227]

Es ergibt sich also für die anfangs gestellte Frage, ob die Gnade Gottes jemanden ausschließe:
Gott hat die Möglichkeit, aus seinem freien Willen dem Menschen die Gnade zu verweigern, und zwar aus verborgenem und unerforschlichem Grunde. Klar ist nur, daß die Prädestination seinen Zorn und seine Majestät offenbart. Durch die Möglichkeit der Prädestination werden die Menschen in Demut zu Christus getrieben, in Christus aber gibt es keinen Ausschluß von der Gnade, wenn man an ihn glaubt. Luther behauptet nicht, daß die Möglichkeit besteht, trotz Demut keinen Glauben bekommen zu können.

---

226 **WA 18,** 685/686
227 Gerhard Rost, Der Prädestinationsgedanke in der Theologie M. Luthers, Ev. Verl. Berlin, 1966, S. 174

(3) Vergleich

Aus der Darstellung der Gedanken Shinrans über Jihi sollen Aspekte zum Vergleich mit Luthers Auffassung von der Gnade entnommen werden:

a) Der Grund von Jihi und der Barmherzigkeit Gottes
b) Der Ausschluß der "Go gyaku hōbō" (Verbrecher der fünf größten Sünden) und die Prädestination zur Verdammnis.
c) Wie der Mensch Jihi bzw. Gnade erlangen kann
d) Der Inhalt von Jihi bzw. Gnade Gottes
e) Jihi und Liebe

Zu a) Der Grund von Jihi Amidas bzw. der Barmherzigkeit Gottes

Jihi und Barmherzigkeit müssen in der Welt notwendig geschehen, folgend aus dem Wesen Amidas bzw. Gottes. Das Wesen Amidas ist Weisheit, das Wesen Gottes ist Liebe und Zorn. Die Weisheit Amidas muß notwendig in der Welt geschehen; die Liebe und der Zorn Gottes ebenso. Grund dieser Notwendigkeit für Amida ist die natürliche Regel, Kōryaku-sōnyu, Grund der Notwendigkeit für Gott ist sein freier Wille. Was Gott will, muß notwendig mit uns geschehen an uns im Zorn oder in der Liebe. Dementgegen gibt es für die Verwirklichung der Weisheit Amidas nur eine Möglichkeit, durch Hōben die Menschen zu retten, weil Amida keinen freien Willen mehr hat sondern nach Kōryaku-sōnyu wirkt.[228] Was Amida in seiner Zeit unter den Menschen als Bosatsu erreicht hat, ist die Regel,

---

[228] Solche mechanische Denkweise geht zurück auf den typisch buddhistischen Gedanken "inga-ōho" (Folge nach der Ursache)

nach der er notwendig in der kommenden Welt wirken muß; seine 48 Wünsche, die er als Bosatsu zur Rettung der Menschen aufgestellt hat, sind jetzt auch für ihn unveränderlich. Die Regel Kōryako-sōnyu gilt für Buddhas allgemein, die Regel der 48 Wünsche ist die spezielle Regel für Amida; deshalb können die Menschen nach der natürlichen Regel, durch den Glauben, den Amida gewünschet hat, gerettet werden.

Gott dagegen, obwohl er seinen Willen nie ändert, wirkt alles in uns, nicht mechanisch sondern frei. Er entscheidet sich im Vorherwissen der menschlichen Reaktion. Das bedeutet, weder die menschliche Reaktion noch sein vorherbestimmter Wille zwingen ihn; sein freier Wille ist die Regel, nach der er wirkt.

Zu b) Der Ausschluß der Go gyaku-hōbō[229] von der Rettung und die Prädestination zur Verdammnis

Bei Shinran hat dieser Ausschluß nur pädagogische Bedeutung, und zwar will Amida die Menschen erkennen lassen, daß diese fünf Sünden besonders furchtbar sind. Aus der Absolutheit der Jihi Amidas folgt, daß auch diese Gogyaku-ho gerettet werden können aber auf sehr kummervollem Wege. Aber Amida wollte, als er Bosatsu war, die Menschen diesen großen Kummer nicht erleben lassen.
Bei Luther hat der scheinbare Ausschluß von der Rettung bzw. die Prädestination zur Verdammnis ebenfalls aber nur einerseits pädagogischen Sinn: die Furcht vor der Möglichkeit, nicht zur Rettung auserwählt zu sein, treibt die Menschen in Demut zum Glauben an Christus, Christus aber will alle Demütigen annehmen. Diese gleiche Rolle spielt schon das Gesetz.

---

229 Gogyaku-hōbō: die 5 Sünden (vgl. S. 21 Anm. 30)

Prädestination zur Verdammnis hat aber noch eine weitere
Bedeutung: sie läßt sich als eine Eigenschaft Gottes
fassen. Sie soll dem Gedanken der Menschen wehren, als
könnten sie die Gnade Gottes selbstverständlich umsonst
bekommen. Die Spannung zwischen Liebe und Zorn innerhalb
des Wesens Gottes wird zwar gelöst durch Christus, d.h.
die Menschen erhalten die Gnade, aber ohne Dankbarkeit
der Menschen wäre die Majestät Gottes verletzt.
Bei Luthers Interpretation des Prädestinationsproblems
bleibt bis zum Ende die Möglichkeit bestehen, daß Gott
die Gnade, d.h. die Rettung, verweigern will. Aber Gott
sagt nicht, daß er diese Möglichkeit verwirklichen muß.
Im Christum jedenfalls zeigt Gott, daß der Ausschluß
von der Gnade nur Möglichkeit bleibt, die in seinem
freien Willen liegt.

Zu c) Wie der Mensch zu Jihi bzw. Gnade gelangt

Jihi wie auch Gnade bekommt der Mensch umsonst, allein
durch den Glauben. Die menschliche Leistung spielt dafür keine Rolle, hindert vielmehr den Empfang. Auf der
Seite des Menschen wird Jihi bzw. Gnade also ohne Verdienst empfangen, auf der Seite Amidas bzw. Gottes ist
sie dagegen verdient worden. Amida mußte die Bedingungen
zu seiner eigenen Rettung und zur Rettung der Menschen
verdienen. Er hat den Kummer des menschlichen Lebens selbst
erfahren, daher entspricht sein Anlaß, nicht nur seine
eigene Rettung zu verdienen sondern auch die der anderen
Menschen, mehr dem Mitleid als Barmherzigkeit. Auch auf
der Seite Gottes mußte die Gnade erst verdient werden,
durch Christus. Aber Gott ist nicht zu seiner Rettung,
wie Amida, auf diese angewiesen, sondern sie ist allein
zur Rettung der Menschen bestimmt. Für Gott besteht die
Notwendigkeit, die Gnade zu verdienen, in der Wahrung seiner Majestät. Um den Menschen nicht mißverstehen zu lassen,

daß die Gnade nicht automatisch aus seinem Wesen als
Liebe hervorgehen muß, sondern daß sie verdient werden
mußte durch die Hingabe seines Sohnes zur Lösung der
innergöttlichen Spannung zwischen Liebe und Zorn, hat
Gott die Möglichkeit der Prädestination zur Verdammnis
bestehen gelassen. Bei Shinran dagegen gilt es schon
als Unglaube und Zweifel an Amidas Wünschen, wenn man
Jihi nicht als sicher und selbstverständlich, ja geradezu automatisch dem Menschen zukommend denkt. Nach beiden,
Shinran und Luther, geschieht das Bewußtsein, unter
der Gnade zu stehen, in einem drei-Stufen-Prozeß.

Zu d) Der Inhalt von Jihi Amidas bzw. der Gnade Gottes

Jihi gibt der Menschen vor allem die Wahrheit Amidas.
Dadurch können sie sicher im Jodo das absolute Nehan,
das bedeutet, das gleiche Wesen wie Amida bekommen;
darin besteht nach Shinran die Rettung des Menschen.

Die Gnade Gottes gibt den Menschen die Rechtfertigung
vor Gott. Damit können sie im weiteren Verlauf ihres
Lebens das rechte Verhältnis zu Gott wieder erlangen.
Das heißt Rettung bei Luther. In beiden Fällen wird die
Rettung aller von der Seite Amidas bzw. Gottes vollzogen, aber in der jetzigen Welt müssen die Menschen unter
der promissio Gottes bzw. Amidas leben. Jihi und Gnade
gibt den Menschen nicht nur die Gewißheit, daß die promissio eingehalten werden sondern zugleich für das jetzi-
ge Leben die Gabe, als neugeborener Mensch zu leben. Darin liegt die Ähnlichkeit der Gedanken Shinrans und Luthers,
die man festhalten muß.
Der entscheidende Unterschied aber besteht in Folgendem:
Im Buddhismus bedeutet Rettung der Menschen, schließlich
Buddha zu werden. Das Christentum versteht unter Rettung,
das richtige Verhältnis zu Gott wieder zu bekommen.

Das Wesen Amidas haben alle Wesen in sich, aber Bonnō
verhindert die Vereinigung der Menschen mit Amida. Dagegen, Gott wirkt in uns, "movet, agit, rapit", aber wir
haben keien Gottheit in uns.
Trotz dieses verschiedenen Inhalts der Rettung, selbst
Buddha zu werden. bzw. das rechte Verhältnis zu Gott zu
bekommen, wird im Buddhismus wie im Christentum der Begriff
der Kindschaft bzw. Vater- und Mutterliebe (im Buddhismus)
und Vaterliebe (im Christentum) eingeführt. Aber die Bedeutung ist entsprechend unterschiedlich.
Im Buddhismus ist "Kindschaft" bzw. "Vater- und Mutterliebe" eine Ausdrucksweise für die gleiche Gelegenheit
und Gleichheit der Rettung[230] für alle Menschen, nicht
für das Verhältnis zwischen Amida und den Menschen nach
oder in der Rettung.
In der christlichen Denkweise - nach Luther - bedeutet
Kindschaft ein zweifaches: im AT: man muß ein Kind Abrahams sein, um am Segen Gottes teilzuhaben; im NT: man muß
an Christus glauben, oder, man muß Christus "anziehen"[231],
denn Christus ist Gottes Kind, und durch ihn, d.h. durch
Zurechnung seiner Gerechtigkeit, können die Menschen auch
Gottes Kinder werden.
Weiterhin ist das Problem der Gewißheit genauer zu
vergleichen: Shinran löst dieses Problem theologisch
durch Nembutsu. Wenn man Nembutsu sagen kann, ist das
schon der Beweis und die Gewißheit, daß man gerettet
worden ist, weil Nembutsu das Zeichen des Dankes für die
Rettung ist.[232]

---

230 Gleichheit der Rettung bedeutet, es gibt keine
    Stufen gemäß des Verdienstes im Jodo
231 WA 2, 535
232 s. nächste Seite

Äußerlich, im praktischen Leben, findet Shinran die Gewißheit der Rettung in den zehn Vorteilen der Jihi, die es ermöglichen, ein ruhiges Leben zu führen.
Bei Luther ist die Gewißheit der Rettung theologisch im Glauben an Christus verankert. Wenn seine Gedanken über die Gewißheit allerdings mit der doppelten Prädestination konfrontiert werden, so werden diese Aussagen über die Gewißheit unklar.
Für die praktische Auswirkung der Gewißheit sagt er umso klarer, daß Glaube und Gnade eines Christen erkennbar sein müssen. Wie nach Shinran muß also Gnade in ihrer Wirkung erkennbar sein, aber in umgekehrter Weise: Gnade läßt den Menschen nicht ein ruhiges Leben führen, sondern Gnade erlangt zu haben bedeutet, mit dem, was in der Welt als Ruhe und Frieden gilt, uneins zu sein, mit der Welt im Krieg, mit dem Inneren in Frieden zu leben. Darin besteht der Gehorsam gegenüber dem Willen Gottes.

Zu e) Jihi und Liebe

Unter den buddhistischen Gelehrten ist es üblich, Jihi Amidas mit der Liebe Gottes zu vergleichen, wobei sie Gnade und Barmherzigkeit dem Liebesbegriff unterordnen, trotz der Behauptung der japanischen Christen, daß dem buddhistischen Jihi das entscheidende Charakteristikum der Liebe Gottes fehle.
Zur Zeit der Mission in Japan, nachdem das Verbot des Christentums durch die Meiji-Reform aufgehoben worden war, sind bei der Übersetzung der Bibel ins Japanische für die Übersetzung der "Liebe Gottes" Schwierigkeiten aufgetreten.

---

232 In diesem Kontext ist die Meinung Shinrans zu verstehen: erstmaliges, also einmaliges Nembutsu kann die Menschen retten. Demgegenüber vertritt Hōnen die Meinung, daß die Gewißheit der Rettung von der Häufigkeit des Nembutsu abhänge. Daher mußte Hōnen täglich viele tausendmal Nembutsu machen, um die Gewißheit der Rettung zu erlangen

Im Japanischen gibt es kein Wort, das die Charakterisierung der 愛 (ai) ausdrücken könnte. Für buddhistische Verständnis hat "Liebe" einen negativen Sinn, insofern die Liebe Kummer bereiten muß, wenn man den Gegenstand der Liebe verloren hat. Echtes Satori muß auch von solchem Kummer unabhängig sein.

Shaka hat seine Familie verlassen, um unabhängig von menschlichen Beziehungen Satori zu suchen, und das ist im Buddhismus zum Beispiel geworden. Auch bei Shinran ist Jihi, die in einer menschlichen Beziehung zum Ausdruck kommt, nur eine geringe Jihi. Die Jihi Amidas ist ohne Verhältnis zum Individuum wirksam, unabhängig von der Reaktion der Menschen. Auch der Konfuzianismus zählt die Liebe nicht zu den fünf wichtigsten Tugenden. Noch ein Phänomen ist bemerkenswert: Wenn Missionare die Worte, "Gott ist die Liebe" gebrauchten, lachten die Zuhörer. Damals verstand man unter Liebe auf Japanisch nur "love affair". Erst das Christentum hat dem japanischen Begriff für Liebe die abstrakte Bedeutung unterlegt.

G. van der Leeuw schreibt in seiner Phänomenologie der Religion "Das Ethos des Buddhismus ist das Mitleid. Mitleid ist am Leiden des anderen selbst leidend, einerlei, welches Leid es ist....es ist gar nicht auf das Individuum als Individuum gerichtet, sondern allgemein."[233] Aber die Jihi Amidas, wie Shinran sie begriffen hat, kommt dem christlichen Verständnis der Liebe Gottes sehr nahe, und den Unterschied zu finden ist sehr schwer, wenn man als Ausgangspunkt der Jihi Amidas Ekō nimmt.

---

233 G. van der Leeuw, Phänomenologie der Religion Tübingen, 1933, S. 602

Es gibt zwei Möglichkeiten, Shaka als Buddha zu verstehen: Entweder, Shaka ist Buddha geworden, oder, Buddha ist Mensch, Shaka geworden. Wenn man entsprechend der zweiten Möglichkeit Amida begreift, nämlich, daß Amida Buddha Mensch geworden ist, dann sollte man auch Jihi in der Kategorie der Liebe im christlichen Verständnis der Gottesliebe begreifen, denn Amida gibt den Menschen an seinem Wesen teil.[234]

Was die Lehre von Shaka betrifft, so gilt als die ursprüngliche Lehre, daß Shaka Buddha geworden sei, und später folgte die Lehre, daß Buddha Shaka geworden sei, um den Stifter mystisch zu erheben.[235]

Aber durch den christlichen Einfluß benutzte man für Amida diese zweite Lehre.

Oka vertritt nachdrücklich die Meinung, daß der buddhistische Grundgedanke darin bestehe: "Prinz Shidatta ist Buddha geworden". "Der ursprüngliche buddhistische Standpunkt ist die Lehre vom innermenschlichen Pantheismus, daß jeder ein solcher Buddha wie Shaka werden könne, wenn er den Weg, den Shaka gelaufen sei, auch gehe. Trotz verschiedener Auffassungen über Amida soll das Prinzip Amidas in der Kategorie Shakas begriffen werden."[236]

Dann muß man also Jihi Amidas als Mitleid begreifen entsprechend zu dem Mitleid Shakas. Das Mitleid Amidas besteht dann darin, daß er die Leiden der Menschen auch selbst erfharen hat und die anderen Menschen nicht in diesem Leiden bleiben lassen wollte. Solche Jihi ist "gar nicht auf das Individuum als Individuum, gerichtet, sondern allgemein".

---

[234] Althaus sagt unter der Überschrift, "die gebende Liebe", in seiner "Theologie M.Luthers": Alle Eigenschaften Gottes bezeichnen also ein auf den Menschen gerichtetes Handeln der Selbstmitteilung Gottes, des Anteilgebens an seinem Wesen". Die Theologie Martin Luthers, S. 109
[235] H. Oka, Jodo Shinshu to Kiristokyo, Kyoto 1971, S.41
[236] H. Oka, e.d. S. 40

Demgegenüber besteht die Liebe Gottes, die Luther am Kreuz gefunden hat, nicht darin, daß Gott den Undankbaren die Liebe in der umittelbaren Bedeutung zeigt, noch darin, daß er sich für die Menschen selbst opfert,[237] sondern darin, daß er trotz seines Zornes gegen die Menschen seinen eigenen Sohn hingegeben hat.

K. Kitamori faßt die Liebe Gottes, "die Liebe, die auf dem Schmerz Gottes gründet", als eine japanische Interpretation Luthers auf der Linie Th. Harnacks. (Von da aus entwickelt er seine Schmerzenstheologie)

Er sagt: Das tatsächliche Wesen des Menschen ist für Gott nicht zu vergeben und untragbar. Daß Gott lebendiger und wirklicher Gott ist, wird dadurch klar, daß er uns, die Sünder zum Tode verurteilt. Diese Tatsache ist nichts anders als der Zorn Gottes, in dem er den Gegenstand des Zornes lieben will. Th. Harnack formuliert, daß am Kreuz das tertium zu Gottes Zorn und Liebe erschiene. (Luthers Theologie I, NA, S. 338) Dieses tertium ist nichts anderes als der Schmerz Gottes. Nach Luther selbst: "da streydet Gott mit Gott am Golgada." (WA 45, 370)
Gott, der die Sünder unabhänderlich zum Tod verurteilt hat, streitet mit Gott, der die Sünder lieben will. Das ist der Schmerz Gottes, daß dieser Gott nicht ein anderer Gott ist, sondern derselbe Gott. "Hier widerstand sein Herz gegen sein Herz in sich." (EA, el, S. 422)

Der Tod Christi ist mors mortis (Luther, Röm. II, S.153-154). Der Herr konnte unseren Tod nicht überwinden, ohne selbst zu sterben. Gott hat sich zerbrochen und verletzt und hat Schmerzen gelitten, weil er denjenigen, denen nicht vergeben werden darf, vergeben hat.

---

237 Baillie, "The Praise of Jesus Christ in moderne Christianity", dort: suffering love of God, zitiert nach Kitamori, "Kamino itamino shingaku", S.175

Aber der Herr, der uns des absoluten Friedens versichert, ist derjenige, der in sich selbst total seinen Frieden verloren hat.[238]

Der Jihi Amidas fehlt also Entscheidendes des Liebesbegriffes der Gottesliebe, nämlich der innergöttliche Widerspruch (nach Kitamori: Schmerzen) und die Richtung der Jihi auf das Individuum. Daher ist die Beurteilung, Jihi sei Mitleid, zu akzeptieren. Und Jihi, also Mitleid, wirkt sich in Hōshin-Hōshin.
als die genannte mechanische Regel aus.

IX. Mitmenschliche Beziehungen

(1) Shinran

Die Wirkung Shinrans ist bedeutsam geworden für die Geistesgeschichte der Kamakura-Zeit. Ihr Charakteristikum ist Nihilismus, zu finden in der sog. Kamakura-Mujo-Literatur, z. B. im Heike-monogatari, Hōjō-ki, Tsure-zure-gusa.[239] (Vg. S. 9)
Gegen diese vorgefundene allgemeine Resignation lehrte Shinran, daß die Rettung durch Amida ihre Wirkung schon ihm gegenwärtigen Leben habe. Er hatte wiederentdeckt, daß der Sinn der Rettung für das Leben nicht darin bestehe, das Nehan Amidas zu erlangen, da dieses zu einem anderen Gebiet im Kreis des Geschehens gehört, sondern in der Gewißheit der Rettung, durch die man das gegenwärtige Leben hoffnungsvoll führen kann.

a) Anschauung des Menschen

Über Shinrans Gedanken zur Anthropologie wurde schon in anderem Zusammenhang gehandelt. (Vgl. S. 33)

---

238 Nach Kitamori: Kamino itamino shingaku, Tokyo 1958
    S. 21ff
239 Heike-monogatari: Geschichte der Ritterfamilie Heike
    Hōjō-ki: Tagebuch aus der Einsiedelei
    Tsure-zure-gusa: Essay aus Langeweile

Jeder Mensch ist im Bonnō gefangen. In sich selbst fand
Shinran nur Sünde und Begierde. Dieses Bewußtsein bedingt
die Toleranz des Menschen gegenüber dem Verstand
seiner Mitmenschen. Solches Versagen, z. B. Anfechtung,
die Unfähigkeit, sich über das Versprechen der Rettung
durch Amida zu freuen, gilt als vom Bonnō bedingte Dummheit.
Aber gerade solchen dummen Menschen hat Amida die
Rettung zugesagt. Kein Mensch darf also den anderen beurteilen,
da jeder im Bonnō lebt. Ob eine menschliche
Tat gut oder schlecht ist, hängt vom Zufall ab, nicht
vom Wesen des Menschen.[240]

(b) Die Gleichheit mit Amida

Der Kern der Rettungslehre Shinrans ist die Gleichheit
des Menschen mit Amida. Durch diesen Kerngedanken wird
die Beziehung zum Mitmenschen bestimmt, denn diese Gleichheit
mit Amida gilt nicht erst im Jodo, sondern schon
im gegenwärtigen Leben. "Wer den Glauben bekommen hat, hat
die Gewißheit, Buddha zu werden. Daher steht im Kanon,
daß er schon Amida gleich sei, weil Miroku[241] schon
Miroku-Buddha heißt, obwohl er noch kein Buddha ist, aus
der Gewißheit, Buddha zu werden."[242]

---

[240] "Auch wenn man für Amida tausend Menschen töten müßte,
könnte man das ohne gute Gelegenheit nicht tun, nicht,
weil man gut ist; aber obwohl man niemanden töten will,
würde man hundert oder tausend töten, wenn man eine
günstige Gelegenheit hätte, nicht weil man schlecht
ist." Tannisho, S. 630

[241] Miroku, der erste und der beste Schüler Shakas

[242] Mitosho, S. 603

Der Mensch hat durch die Gewißheit der Rettung schon die Gleichheit mit Amida erreicht, aber gleichzeitig gilt: "Was die Menschen während ihres Lebens denken, hat eine Verbindung mit dem Bonnō, daher braucht man Nembutsu, um im Jōdo geboren zu werden."[243]
Diese Gleichheit im religiösen Sinn wird in der mitmenschlichen Beziehung entfaltet, und zwar im Bewußsein der Gleichheit der Menschen untereinander und damit der Brüderlichkeit.

(c) Butsuon-hōsha (Vergeltung der Wohltaten Buddhas)

Das Thema des Hymnen (Wasan) Shinrans, die unter seinen Schriften die größte Popularität besitzen, ist die Dankbarkeit zu Amida. Ein bekannter Satz ist:" Du sollst Amida seine Wohltaten mit großen Mühen vergelten."[244] Vielmaliges Nembutsu bedeutet den Dank für die Rettung durch Amida, es vertieft und erhält die Gewißheit der Gleichheit mit Amida. Aber "mit großer Mühe" die Wohltaten Amidas zu vergelten, bedeutet nicht, mit aller Kraft Nembutsu zu machen, sondern möglichst vielen Menschen in konkreten Dingen und bei der Rettung zu helfen. Die Dankbarkeit im Leben des Laien besteht in "Jishin kyo ninshin", (selbst glauben und andere lehren). Zu bemerken ist dabei, daß Shinran als Verhalten im Leben Ōso - Ekō (im ursprünglichen Sinn)[245] als gute Werke nicht hervorhob, sondern Genso-Ekō als die wichtigste Hilfe für den Nächsten bezeichnet. Die sichtbare Tat hilft dem Nächsten bei der Rettung gar nicht. Um aber zur Rettung des Mitmenschen zu verhelfen, muß man zuerst selbst gerettet sein.[246]. Dann kann man, wie Amida durch Genso-Ekō, indem man als Gestalt-Buddha wieder zur Welt kommt, andere retten. Dadurch gewinnt das Leben eines Buddha Spannung.

---

243 Tannisho, S. 633
244 Shozomatsu wasan, S. 571
245 Ōso-Ekō im ursprünglichen Sinn vgl. S. 50
246 Tannisho, S. 622ff

Aber die Gläubigen haben nicht nur Nembutsu gemacht, sondern ihren Mitmenschen in konkreten Situationen geholfen. Zeugnisse ihrer Lebensführung finden sich aber nur in den mißverstandenen Denkweisen. Aus ihnen geht hervor, daß sie glaubten, durch große Almosen große Buddhas zu werden und durch kleine Almosen nur kleine Buddhas. (Solcher Glaube wurde von manchen religiösen Führern ausgenutzt, um sich unterstützen zu lassen).[247]
Eine weitere Irrlehre bestand darin, daß man glaubte, man könne nicht gerettet werden, wenn man nach bösen Tagen und Geschimpf gegen die Mitgläubigen für den Ärber, den man Amida und den Mitmenschen zugefügt hat, nicht büße. Aus diesen Irrlehren geht jedenfalls hervor, daß die Anhänger Shinrans bemüht waren, ihren Mitmenschen zu dienen und sich nicht über andere zu erheben.

(d) Dōzoku-Jishu, Priester und Laien sind gleich

Gegen den Willen und die Absicht Shinrans hat sein Nachfolger die Gruppe seiner Anhänger hierarchisch geordnet. Unter Shinran hatte es in seiner Anhängerschar keine gesonderte Stellung der Priester gegeben. Er selbst verstand sich als Laie, als er zu missionieren anfing und wollte bis zum Ende als solcher verstanden sein, obwohl er dem buddhistischen Ordensrecht nach noch immer Priester war.
Der Anlaß, der ihn seinen Priesterstand aufgeben ließ, war die Einmischung des Kaisers. Dieser hatte Hōnen und seine wichtigsten Schüler, unter ihnen Shinran, verbannt.
Nach der Freilassung begann Shinran als Laie ohne weiteren Kontakt mit dem Orden Hōnens seine Mission.

---

247 Tannisho, S. 637

Er sagt selbst von sich: "Ich bin weder Priester noch Laie, ich bin Toku".[248] Als Verfasser des Kyogoshinsho gab er seinen Namen als "Dummer Toku Shinran" an. Der Gedanke des Dōzoku-Jishu folgt einerseits aus der Gleichheit aller Menschen untereinander und vor Amida und, zudem, und das ist der wichtigste Grund, folgt Dōsōku-Jishu aus dem Ekō Amidas. Denn durch Ekō wird alle Askese unnötig, Askese zu üben aber war der Sinn des priesterlichen Standes nach allgemeinem Verständnis des Buddhismus.

---

248 Keshindokan S. 450
"Kein Priester und kein Laie bedeutet, es gibt keinen Unterschied zwischen Priestern und Laien. Dieser Gedanke überwindet den Klassenunterschied und die menschlichen gesellschaftlichen Attribute. Alle Menschen treten als gleiche mit Amida in Verbindung."

Toku: "Toku hat eigentlich eine verachtende Bedeutung und bezeichnet Priester, die trotz ihres Priesterstandes keine priesterlichen Gesetze und Gebote beachten, die Fleisch essen und Frauen haben. Wenn Shinran sich selbst Toku nannte, so wird daraus deutlich, daß er den Gesetzeslehren des Shodomon aktiv widerstand. Er hat den Grund seiner Strafe nicht bereut (seine Ehe), im Gegenteil, er hat mit heftigem Ärger gegen die Unvernunft der Verfolger protestiert und hat sich auf den Standpunkt gestellt, daß man den damaligen autoritären Buddhismus kritisieren und ablehnen müsse. (Akamatsu Shinran to sonokyodan, in Shinshushi Gaisetsu, II, 1, Kyoto 1963, S. 42)

Das Leben eines Priesters als Bürger war nicht ganz neu.
Auch vor Shinran hatten Priester mit ihren Frauen als
Glieder der Gesellschaft gelebt; aber solche Priester,
genannt Shami, missionierten nicht. Darin besteht das
Neue bei Shinran, daß er als Laie missionierte und noch,
als er in der Mission erfolgreich war, in seiner Gemeinde
keinen Priesterstand einräumte. Er sagt, "wer die Rettung
durch Amida wünscht, soll nicht vergessen, auch im Schlaf
nicht, daß er unabhängig von der äußerlichen Form des Menschen den Wunsch Amidas und Nembutsu durch den Glauben
bekommt."[249]

Und im Gomonsho steht: "Der Begründer unseres Ordens,
Shinran, betont, daß das Vorbild für die Rettung nicht
darin bestehe, Mönch zu werden und die Familie zu verlassen, sondern wenn man sich zum Glauben an die Rettung durch
fremde Kraft bekehre, könne man ohne Unterschied der
menschlichen Stellung gerettet werden."[250]

Die Gleichheit zwischen Priestern und Laien wurde in
Shinrans Gemeinde verwirklicht, und diese (Dōhō-Dōgyo
genannt)[251] bekam eine besondere Bedeutung im gerade aufgehenden Feudalismus des 12. Jahrhunderts.

---

249 Gomonsho, S. 662 von Kosowasan
250 Gomonsho, S 662
251 Dōhō-Dōgyo: gleiche Mitglieder, gleiche Tat.
    Shinran nannte seine Gemeinde so, weil die Mitglieder zusammen die Lehre der Wünsche Amidas
    Hörten (Gomonsho, S. 661, Anm. 2), zusammen nicht
    räumlich oder zeitlich verstanden, sondern ohne
    Standesunterschied zwischen den MItgliedern oder
    Lernenden und Lehrenden

Shinran sagte häufig: "Shinran hat keine Schüler,[252] er spielt nur die Rolle eines Vermittlers der Lehre Amidas."[253]

Der Verfasser des Gomonsho, Rennyo, klagt, daß die Gemeinde Shinrans gegen dessen Willen die Tendenz der feudalen Hierarchie und die Freiheit der Laien beschränkte, wie Lehrer und Meister die ihrer Schüler und Lehrlinge. "Wenn die Priester die Bedeutung des Glaubens nicht richtig verstehen und die Glaubensfreiheit der Schüler unter Zwang stellen, dann können sie weder ihren noch den Glauben der Laien bewahren. Das schadet ihnen selbst und anderen, und es ist gegen unser Prinzip, selbst gerettet zu werden und andere zu retten."[254]

Vergleicht man Shinran mit den beiden anderen berühmten Ordensgründern der Kamakua-Zeit, mit Dōgen und Nichiren, so wird seine Bedeutung klarer. Dōgen war der Sohn des Premierministers; er gehörte zur Elite im japanischen Buddhismus und lehrte auf einem Berg in der Abgeschiedenheit nur die Elite der Gesellschaft, denn er hatte in China Buddhismus studiert. Er besaß die Hochachtung des Kaisers und des Shōguns,[255] dessen Vertreters.

---

[252] Schüler: Im damaligen Feudalismus galt die Beziehung zwischen Lehrer und Schüler als so eng, daß man sagte, die Verbindung zwischen Ehepartnern dauere nur in der gegenwärtigen Welt, die zwischen Eltern und Kindern auch in der kommenden, die zwischen Lehrern und Schülern aber noch in der übernächsten
[253] Tannisho, S. 623 (Gomonsho, S. 660)
[254] Gomonsho, S 661
[255] Shōgun : militärischer Machthaber

Der andere, Nichiren, begann seine Mission mit dem Motto: "Ich will das Vorbild Japans werden", und "Shakufuku" (allen anderen falschen Buddhismus völlig zerschlagen) war das Losungswort seiner gewaltsamen Mission.

Shinran dagegen blieb während seines ganzen Lebens unbekannt und lebte bis zu seinem Ende sehr eingeschränkt. Zu seiner Missionsmethode sagt er selbst: "Hōnen hat mich gelehrt, daß wir andere buddhistische Lehren nicht beschimpfen sollen und auch nicht die Menschen, die gute Werke für den Weg zur Rettung halten, und, daß wir die Leute, die uns hassen und beschimpfen, nicht hassen und beschimpfen sollen."[256]

Trotz dieser seiner Lehre von Hōnen gerade durch Disputationen und Polemik bekannt geworden. Shinran aber führte keine Disputationen und schrieb keine polemischen Schriften und auch kaum Erklärungen über sich selber, nur am Ende des Kyogoshinsho, im Zusammenhang mit Hōnen, kann man solche finden. Auch hat Shinran nicht, wie es für einen Ordensgründer üblich war, einen möglichst großen und schönen Tempel erbaut,[257] sondern er missionierte in gewöhnlichen Häusern. In Shinrans Gemeinde ist also seine Lehre der Rettung für alle, die Gleichheit der Gläubigen, verwirklicht worden; es gab weder Privilegien der Priester noch eine Autorität der Kirche. In diesem Rahmen sind besonders die armen und ungebildeten Bürger emanzipiert worden.

---

256 Mitosho, S. 599
257 Seine Schüler hielten sich an dieses Prinzip. Erst in der zweiten Generation wurde ein großer Tempel gebaut

(e) Beruf

Der Gleichheitsgedanke bezieht sich nicht nur auf die
Rettung, sondern war zugleich gegen die Klassengedanken der damaligen Gesellschaft in bezug auf den Beruf
gerichtet. "Die Leute, die als Fischer, als Jäger,
als Verkäufer oder als Bauern leben, sind ja ganz gleich.
Wenn die entsprechende Situation kommt, muß man jede Sache
machen."[258] Damit wendet sich Shinran aber nicht nur gegen die Unterschiede und Stufengedanken der einzelnen Berufe, sondern er will gleichzeitig die Gleichheit der
Bürger mit den Adligen und Rittern betonen, die gerade
statt jener zur Macht gekommen waren.
Die Gleichheit, das heißt die Idee der klassenlosen Gesellschaft, konnte wegen des aufkommenden Feudalismus
keine soziale Bewegung auslösen.

(f) Die weltliche und geistliche Obrigkeit
    Das Prinzip: Kein Konflikt mit den anderen

Shinrans Stellungnahme gegenüber der Obrigkeit ist aus
folgendem Grund wichtig: Die Nachkommenschaft Shinrans,
sc. jeweils die Ordensführer, forderten den Vorrang des
staatlichen Gesetzes (ōhōihon) vor dem geistlichen Gesetz des Ordens unter Androhung des Ausschlusses, um ohne
Konflikt mit der Obrigkeit Mission betreiben zu können.
Als der Orden Shinrans unter den Nachkommen wie ein Fürstentum geworden war, (Landbesitz, militärische Macht,
Verwandschaft mit den Fürsten), kam die Zeit der Fürstenkriege und die Vorherrschaft in ganz Japan. In dieser
Lage wurde von dem Orden gefordert, wie ein Fürstentum
in einer Allianz am Krieg teilzunehmen. Bei Ablehnung
der Allianz war seine Existenz gefährdet, bei Teilnahme
an der Allianz hing seine Existenz vom militärischen
Sieg ab.[259]

---

258 Tannisho, S. 631
259 Kasahara, Shinshushi Gaisetsu S. 319

Der Gedanke des ōhōihon spielt zur Zeit des 2. Weltkrieges noch einmal eine Rolle, das Verhalten des Ordens zur Zeit der Fürstenkriege ist in der Geschichte des Ordens einmalig und eine existenzielle Notwendigkeit gewesen, also hier nicht weiter zu behandeln.

Obwohl die Gemeinde Shinrans, später ein Orden, einer gemäßigten Missionsmethode folgte und nicht politisch war, stand sie während der gesamten Feudalherrschaft unter staatlicher Beobachtung und zuweilen Unterdrückung, da trotz ihrer Mäßigkeit die Herrschenden durch die Intuition der Ausbeuter in ihr die Möglichkeit des Aufruhrs fanden.[260]

Shinran hatte durch Hōnens Verbannung erkannt, daß auch seine Gedanken für die Regierung problematisch werden konnten.[260a] Keinen Konflikt mit der Gesellschaft zu haben, war Shinrans Prinzip und grundsätzlich das seiner Nachfolger. Trotzdem gingen zwei große Aufstände (Ishiyama, Kaga) ausgerechnet von seinem Orden aus. Die Kritik Shinrans am Shodomon galt nicht der Lehre, sondern sie bezog sich darauf, daß diese Lehre nicht echt verwirklich wurde und die Anhänger dieser Richtung in dauerndem Streit mit anderen Richtungen lagen, um die Richtigkeit der eigenen Lehre zu behaupten.[261/262]

---

260 Hatori, Shinran nōto, S. 141; Kasahara, S. 58-65
260a "Es ist üblich, daß die Obrigkeit Nembutsu zu verhindern sucht", Shinsen shinshu seiten, in: Shinran nōto, Hatori, S. 14
261 Shoso-matsu, jodowasan, S. 557 Nr. 240, 242, 250
262 Durch diese Phänomene fand Shinran, daß die Zeit, Mappō (vgl. S. 48, Anm. 99) gekommen sei und Jodomon, die Lehre von der Rettung durch fremde Kraft, die dieser Zeit angemessene Lehre sei, wie Shaka vorhergesagt hatte. (Shosō matsu, Jodowasan, S.559 Nr. 248, 249)

Shinran lehrte seine Mitglieder: "wo es Streit gibt geschehen verschiedene Bonnōs. Ein wirklich Weiser wird dem Streit ausweichen..... Wenn man unser Nembutsu verachtet, sollt ihr euch dagegen nicht auflehnen, sondern ihr sollt sagen, wir sind so niedrig und ungebildet, daß wir kaum Gelegenheit haben, gerettet zu werden. Wir haben gelernt, daß wir durch Glauben gerettet werden können, und wir glauben daran. Für uns ist das der beste Weg, wenn er auch für die Gebildeten niedrig erschiene. Auch wenn ihre Lehre besser wäre als unsere, wäre sie für unsere Kapazität zu schwer, und wir könnten ihre Bedingungen nicht erfüllen..... Der Wille Buddhas muß so sein, daß das Ich und die Anderen zusammen gerettet werden. Dann würde die andere Seite euch nicht angreifen."[263] Shinrans Meinung wird schließlich klar in folgendem Zitat: In dem Fall, daß deine Rettung bestimmt ist, mache Nembutsu mit einem solchen Herzen, daß die Leute, die den Nembutsuglauben verfolgen wollen, auch gerettet werden können, im Leben und in der Zukunft."[264]

---

263 Tannisho, S. 627 ff
264 Rennyo, der 8. Führer des Ordens Shinrans
 (1499 - 1584)

Verhalten gegenüber der weltlichen Obrigkeit:
Nach dem Weltkrieg II. 1948 korrigierte Shisō Hattori, ein marxistischer Historiker, die Interpretation Shinrans, "ōhō ihon",[265] die auf einem Mißverständnis beruhte.
Bis dahin hatten die gläubigen Laien Shinrans Meinung zum Verhalten gegenüber der weltlichen Obrigkeit folgendermaßen interpretiert und akzeptiert: "Shinran hat die Anhänger gelegentlich gelehrt, keinen Konflikt zwischen ihrem Glauben und dem gesellschaftlichen Leben zustandekommen zu lassen und gefordert, Nembutsu für die Kaiserfamilie und ihr Volk zu machen, obwohl seine Kerngedanken ganz auf die Zukunft bezogen sind und im Leben eine individuelle und liberale Tendenz haben."[266]

Diese Interpretation geht zurück auf folgende Worte Shinrans: "Nicht nur Du, sondern alle diejenigen, die Nembutsu machen wollen, sollen Nembutsu für die Kaiserfamilie und das Volk machen, ohne für sich selbst zu sorgen. Derjenige, der noch keine Gewißheit seiner Rettung hat, soll zuerst für seine Rettung Nembutsu machen. Derjenige, der die Gewißheit seiner Rettung hat, denkt an seinen Dank zu Amida und soll, um Amida seine Wohltaten zu vergelten, Nembutsu machen mit den Worten, 'Ruhe sei in der Welt, Dharma möge sich in der Welt verbreiten!'"[267]

---

265 ōhō ihon: bedeutet, die Laien sollen im Leben zuerst dem Gesetz des Kaisers gehorsam sein
266 Seiichiro: horitsu - Shisōshi-saisetsu, 1940, S.68
Nach Shinran nōto, S. 1
267 Der Kontext: Shinran dankte dem Empfänger des Briefes, Shoshinbo, der in einem Prozeß mit der Regierung, bei dem es um die Frage ging, ob die Gruppe Shinrans weiterhin missionieren dürfe oder nicht, allein die Gemeinde vertrat, und er kritisierte die anderen Mitglieder, die Shoshinbo allein die Verantwortung überlassen hatten. Wenn sich der Nembutsuglaube in der Welt verbreitet habe, meint Shinran, dann werde auch die Gesellschaft in Ordnung sien, weil Nembutsu auch das gesamte moralische Gesetz umfasse

Hattori sieht nun den Hintergrund der Briefes in dem deutlichen Klassenunterschied zwischen den Anhängern Shinrans, zumeist Angehörige der Klasse der Bauern und der damals regierenden Klasse der Ritter, und weiterhin hatte Shinrans Lehre den ersten Schritt zur Emanzipation von allen Klassengedanken gezeigt.[268] Bei solcher Auffassung über Shinran ist die Interpretationsmöglichkeit von "ohō ihon" nicht möglich. Hattori interpretiert: "Derjenige, der Nembutsu zu seiner eigenen Rettung braucht, ist der richtige Nembutsuanhänger. Und derjenige, der für die Kaiserfamilie und das Volk Nembutsu macht, ist der Dumme, der die Bedeutung des 18. Wunsches Amidas nicht versteht und nicht braucht."[269]
Aber Akamatsu[270] lehnt diese Meinung ab. Er hält die Interpretation Hattoris für falsch, was die Auslegung des Briefes betrifft wie auch der Grundlinie des Denkens Shinrans. Nach Akamatsu ist der Satz, "Nembutsu für Kaiserfamilie und Volk" bei jenem Prozeß des Missionsverbots aus der Notwendigkeit der Verteidigung heraus gesagt worden, und Shinran hat das akzeptiert. So ist nach der Meinung Akamatsus die Interpretation des "ohō ihon" schon richtig, nur während des zweiten Weltkrieges zu sehr hervorgehoben worden.[271]
Beide Interpretationen haben ein Problem: die Hattoris, weil sie zu radikal, d.h. in marxistischer Tendenz gedacht ist, die Akamatsus, weil sie zwar der Tradition nach sicher ist, aber er nützt den von Hattori entdeckten Hintergrund nicht, obwohl er ihn prinzipiell akzeptiert.

---

268 Hattori, Shinran nōto, S. 58 ff
269 Hattori, Shinran nōto, S. 58 ff
270 Akamatsu, Kamakura Bukkyono Kenkyu, Kyoto 1957, S.32ff
271 Hattori, Shinran nōto, S.113

Bei der Interpretation des zitierten Brieftextes muß man
folgenden Zusammenhang bedenken: Es ist bestimmt, daß
Shinran der Obrigkeit nicht vertraute. Außerdem glaubte
er, daß die Unterdrückung des Nembutsuglaubens durch
die Obrigkeit Notzeiten und gesellschaftliches Chaos
zur Folge haben würde, da Nembutsu allein die Kräfte
zur Verbesserung der Gesellschaft und der Moral besitze.
Zunächst wollte Shinran in jenem Brief feststellen, daß man nicht gleichgültig dem Verbot der Mission
des Nembutsuglaubens zusehen dürfe. Die Obrigkeit befand
sich damals in dauerndem Kampf mit der Kaiserfamilie.
Unter dieser Situation hatte das Volk schwer zu leiden.
In der geradezu chaotischen Situation sah Shinran eine
Folge der Verachtung des Nembutsuglaubens, denn nur
Nembutsu kann die gesellschaftlichen Zustände bessern. Weiterhin, jeder soll ohne Rücksicht auf sich selbst Nembutsu
für die Welt machen, aber nur, wenn er in der Gewißheit
seiner eigenen Rettung lebt; sonst muß er zuerst für sich
Nembutsu machen. In Nembutsu für die Welt, d.h. für
die Verbreitung von Nembutsu und die Ruhe der Welt, besteht Dank zu Amida.
Shinran hat eine scharfe Trennungslinie zwischen der Politik
und seiner Lehre gezogen. Er lehnte später die Missionsmethode seines Sohnes ab, der durch die Herrschenden missionieren wollte. Seiner Meinungnach kann der Mensch während
der Mappō Zeit weder echte Religion noch die rechte Moral
haben. Shinran zitiert von Donran, "wenn Buddha und Bosatsu den Menschen nicht auch den richtigen Weg in die Gesellschaft zeigte, wie könnten sie dann Jin, Ji, Rei, Chi
und Shin[272] kennen, dann würden alle geistigen Führer
verschwinden sowie alle Moral vergehen.[273]

---

272 Vgl. S. 53, Anm. 117
273 Shinkan, S. 279

Shinran brauchte seine Meinung für das Verhalten der Gläubigen gegenüber der weltlichen Obrigkeit noch nicht ausdrücklich darzustellen, weil seine Anhängerschar noch klein war. Als sich aus dieser aber ein großer Orden entwickelt hatte, wurde Shinrans oben dargelegte Meinung folgendermaßen interpretiert: "Ihr sollt die Pflichten von seiten der Obrigkeit erfüllen und wegen des Glaubens weder die Obrigkeit noch andere Religionen verachten, weil Namuamidabutsu sie alle umfaßt. Wichtig ist, daß euer inneres Leben dem Tariki-glauben folgt. Euer moralischer Maßstab ist die weltliche Moral."[274]

(g) Ehe

Die Abschaffung des Zölibats war als Forderung nichts Neues, aber tatsächlich in die Ordensregel aufgenommen wurde sie erst durch Shinran.[275]

Als andere Orden mit Ausnahme der Zeit nach der Meiji Reform das Zölibat abschafften, diente Shinrans Orden dafür als Beispiel. Für Shinran war seine Frau eine Gestalt des Kannon Bosatsu und umgekehrt, seiner Frau wurde im Traum offenbart, daß Shinran eine Gestalt Amidas sei. [276/277]

Aus Shinrans Formulierungen seiner Selbstanalysen, aus seinen Klagen über seine Sündigkeit und Begierde und aus der Begebenheit in Rokkakudō kann man leicht entnehmen, daß er mit dem Problem der Begierde

---

274 Gomonsho, S. 699
275 Kurze Zeit vor Shinran gab es einen Priester (Shami), der mit seiner Frau, getrennt von seinem Orden unter den Bürgern lebte und missionierte.(T. Karazawa: Shinran no sekai, S. 334) Hōnen hat Shinran die Ehe erlaubt, aber er ließ es für sich und als Prinzip seines Ordens nicht zu.
276 Godensho, S. 1o65
277 Eshinni Shosoku, S. 647

gekämpft hatte. Aber er führte schließlich die Ehe nicht aus einem natürlichen körperlichen Grund sondern sah in ihr einen religiösen Sinn: "Für Shinran ist die Ehe notwendig als der Ort, in dem man Jihi und glauben üben kann und Jōdo in der Welt verwirklichen. Weder in westlichen Religionen noch in orientalischen kann man
- außer bei Shinran - ein Beispiel finden, daß die Ehe so tiefe religiöse Bedeutung hat."[278]

(2) Mitmenschliche Beziehungen bei Luther

a) Die Anschauung des Menschen

Was Luther bei sich und den anderen Menschen vorgefunden hat, ist allein Sünde. Die Sündigkeit steht unter dem Zorn Gottes. Was die Menschen aus freiem Willen und aus Vernunft tun, steht unter der Sünde und muß von Gott verdammt werden.
Aber nicht durch eigene Kraft und freien Willen kann sich der Mensch von seiner Sündigkeit befreien, sondern allein durch die Gnade kann er befreit werden. Und unter der Gnade allein kann er tun, was Gott wohlgefällt.
Das gilt auch vom geistlichen Amt. Die Handlungen im geistlichen Amt sind nicht kraft des Amtes geistliche, sondern nur, wenn sie im Geist Christi und mit Gnade getan werden. Was im geistlichen Amt mit der Berufung auf den Namen Gottes ohne Gnade und ohne Christus getan wird, das ist allerschlimmste Sünde, bloße Blasphemie. Das Leben eines Christen ist das Leben unter der Gnade.

---

278 N. Inazu, Indo tetsugaku shi, S. 342

Conformitas

Ein Christ muß in der conformitas[279] mit Christus leben. conformitas aber ist die Wurzel der christlichen Ethik. Unter conformitas versteht Luther im Gegensatz zur Scholastik nicht die äußere Gleichheit mit Christus, die Nachahmung seiner Taten, sondern conformitas bedeutet, mit Christus seine Sünde zu kreuzigen, im Glauben Gott zu lieben und seinen Nächsten, das bedeutet, aus Glauben das Gesetz erfüllen. Demütig zu werden durch die Erkenntnis der eigenen Sünden bedeutet, seine Sünde zu kreuzigen,[280] die Gerechtigkeit Gottes zu erkennen und der Verdammung seiner Sünden zuzustimmen. Darin, in Demut schließlich liegt die Gerechtigkeit im passiven Sinne, die Gerechtigkeit durch den Glauben.

Der Mensch liebt Gott in Wirklichkeit über alle Dinge,[281] d.h. das erste Gebot zu erfüllen. Dann aber liebt Gott auch ihn.[282]

Aber die Liebe ruht nicht, sie kreuzigt ununterbrochen das Fleisch.[283] Durch die Liebe zu Gott erfüllt der Gläubige Gebot der Nächstenliebe. Hier beginnt die Ethik.

Obwohl das Gesetz durch gute Werke nicht erfüllt werden kann, schafft die Erfüllung des Gesetzes durch Christus gute Werke.[284] Die Erfüllung des ersten Gebots erscheint nicht unmittelbar in Werken, sondern in den Werken der Erfüllung des Gebots der Nächstenliebe. Mit dieser Gabe und Aufgabe beginnt das neue Leben eines Christen.

---

279 WA 56, 233
280 WA 2, 5o1, 5o2
281 WA 56, 359
282 WA 7, 27
283 WA 2, 566
284 WA 2, 492

Die christliche Freiheit

Die Freiheit eines Christen ist eine doppelte, die Freiheit von allen guten Werken und die Freiheit zu guten Werken. Die Freiheit von den Werken gründet in der Rechtfertigungslehre, in bezug auf den inneren Menschen. Den Widerspruch zwischen der Freiheit von guten Werken und ethischer Forderung nach guten Werken löst Luther durch die conformitas. Diese ermöglicht die Liebe zu Gott, und dadurch wird der Mensch gerechtfertigt. Daraus aber erwachsen in Freiheit gute Werke, und zwar als Erfüllung des Gebots der Nächstenliebe. Von der Begierde, die im Charakter eines jeden Menschen wurzelt, kann man sich durch eigene Kraft nie befreien.[285] nur durch den Glauben an Christus ist das möglich: "Denn was dir unmöglich ist bei allen Werken, welche die Gebote fordern, das wird dir leichtgemacht und in Kürze ermöglicht durch den Glauben." Der Grund dieser Möglichkeit liegt in der conformitas mit christus. Aber die Sündigkeit und Begierde bleibt "Doch noch in diesem leiblichen Leben auf Erden, und (der Mensch) muß seinen eigenen Leib reinigen und mit den Leuten umgehen. Da heben nun die Werke an."[288]

So wird die Gabe, die Freiheit von allen Werken, dem äußeren Menschen als Aufgabe, als Freiheit zu guten Werken angeboten.

Die guten Werke im Leben eines Christen müssen ganz natürlich aus dem Glauben hervorgehen, so wie ein guter Baum gute Früchte hervorbringt.[289]

---

285 WA 7, 23
286 WA 7, 24
287 WA 7, 25: so wirt auch die seele vo yhm gleych als das eys wirt gluttrodt wie das fewz aus der vorzeynigung mit dem fewz
288 WA 7, 30
289 WA 7, 32

Luther sieht die Notwendigkeit der guten Werke in zwei
Sachverhalten des Glaubens begründet: Obwohl der Gläubige
seinerseits Gott in freiwilliger Liebe und umsonst dienen
möchte, stößt er in seinem Fleisch auf einen widerstreben-
den Willen, der der Welt dienen möchte und das tun, wonach
ihn gelüstet.[290]

In diesem Zwiespalt kommt der Glaube zur Wirkung. Aus
Glauben, nicht aus irgendeinem Zwang, sondern aus freiem
Willen beginnt der Mensch den Kampf um die Reinigung des
Leibes, weil er Gott gehorsam sein will. Diese Erscheinung
äußert sich in guten Werken. Gute Werke sind also nicht
mehr Leistungen für einen Selbstzweck.
Weiterhin, gute Werke sollen auf das Wohl des Nächsten
ausgerichtet sein, weil der Gläubige mit dem Vorbild
Christi lebt.[291]
Wie Christus, der seine Freiheit aufgab und für die Menschen zum Knecht wurde, so will der Christ gegenüber
seinem Nächsten ein Knecht werden. Darin äußert sich conformitas mit Christus.
Wie Christus hält der Priester Fürbitte für seinen Nächsten. Das ist nichts anderes als die Erfüllung des Gebots
der Nächstenliebe.[292] In Freiheit von allen leiblichen
Dingen und priesterlicher Vollmacht zu geistlichen Dingen
trägt er die Schwachheit des Nächsten, um dessen Bedürfnisse zu erfüllen, "seine Sünden zu decken".
Das ist der fröhliche Dank des Christen für Gottes Güte,
der freiwillige Dienst am Nächsten, die Liebe.

b) Kirche als communio sanctorum

Das Leben eines Glaubenden ist ohne die Kirche nicht
denkbar. Der Glaubende gehört zur unsichtbaren Kirche,
dem Leib Christi und somit zur sichtbaren Kirche als
Organisation, in der sich die unsichtbare Kirche mani-
festiert, unabhängig von seinem Willen, solange er an

---

290 WA 7, 30
291 WA 7, 35
292 WA 2, 575

Christus glaubt. Denn, "wenn jeder nach seiner eigenen Weise Gott dient und sich von der allgemeinen Weise der Kirche trennt, errichtet er damit eine Sonderkirche für Gott und lobt ihn nur in seinem winzigen Teil und vor sich selber."[293]

Luther selbst hat sich diesen Gedanken entsprechend im Konflikt mit der katholischen Kirche verhalten, als ein frommer Mönch, als Glied des Leibes Christi, als Glied der Kirche also wollte er zu ihrer Besserung beitragen.
Die Notwendigkeit und pflichtgemäße Zugehörigkeit zur Kirche ist außerdem begründet in Luthers Sakramentverständnis der Taufe und des Abendmahls. Das Sakrament ist das sichtbare, Gestalt gewordene Wort Gottes neben dem gepredigten Wort. Die Taufe schafft dem Menschen Gerechtigkeit durch den Glauben. Aber, "das, was die Taufe bedeutet, das Sterben oder Ersaufen der Sünde, geschieht in diesem Leben nicht völlig,[294] sondern sie fängt an, "die angeborene Art und Sünde zu töten und für das Sterben und Auferstehen am jüngsten Tag vorzubereiten."
Daher ist der Mensch nach der Taufe verpflichtet, "seine Sünden immer mehr und mehr zu töten." Es wäre aber sinnlos, wenn man durch Wiederholung der Taufe versuchte, die immerwährende Anfechtung zu lösen, denn die Taufe ist die Verheißung der Gerechtigkeit Gottes, deshalb ist sie eine einmalige.

Dementgegen brauchen wir das Abendmahl vielmals, denn es knüpft an das Leben der Gläubigen an. Für die tägliche Aufgabe, die Sünde zu töten und Liebe zu üben, "brauchen wir Stärkung, Beistand und Hilfe Christi und seiner Heiligen.

---

293 WA 5, 662 (22. Psalm, Leidenspsalm Christi)
294 WA 2, 728

Sie wird uns hierin (im Sakrament des Altars) zugesagt als in einem gewissen Zeichen, durch das wir mit ihnen vereinigt und in einen Leib eingefügt werden und alles, was uns Leid bereitet, in die Gemeinde gelegt wird."[295]

Die Bedeutung und das Werk dieses Sakraments ist syaxis (Versammlung) oder communio (Gemeinschaft). Und Christus ist mit allen Mitgliedern ein Leib.[296]

Die Wirkung des Sakraments besteht darin: "Die eigennützige Selbstliebe soll also durch dieses Sakrament ausgerottet werden und dafür die gemeinnützige Liebe zu allen Menschen eingelassen werden. So soll durch die Verwandlung, wie sie die Liebe wirkt, ein Brot, ein Trank ein Leib, eine Gemeinde werden. Das ist die rechte, christliche , brüderliche Einigkeit."[297]

Luthers Meinung ist also, wie schon zu Anfang gesagt, "extra ecclesiam nulla salus."[298]

Unter Kirche verstand Luther nicht eine hierarchische Organisation wie die vorgefundene katholische Kirche, sondern eine "communio sanctorum."
Communio sanctorum interpretiert er selbst auf zwei Weisen, als Gemeinde der Heiligen oder als "Teilhaben mit den Heiligen"[299]
Gemeinde der Heiligen bedeutet, daß es sich nicht um eine Organisation im üblichen Sinne handelt, bei der das Mitglied seine Eigentümlichkeit behalten, die Organisation verlassen und andere gründen kann, wenn der Grundgedanke und die Methode ihm nicht mehr gefallen,

---

295 WA 2, 741
296 WA 2, 743
297 WA 2, 754
298 nach Althaus, die Theologie M. Luthers, S. 251
299 e.d.A. 254

sondern, communio sanctorum ist das heilige Volk, der
Leib Christi, dem die Glieder organisch angehören. Das
Teilhaben mit den Gläubigen bedeutet gleichzeitig das
Teilgeben. (Althaus) Durch das Sakrament haben die Gläubigen gemeinsam teil an dem, was Christus hat, und sie
geben den Anderen teil an dem, was sie von Christus bekommen haben.[300]
Ein Christ lebt nicht in sich selbst, sondern in "Christus
und seinem Nächsten: in Christus durch den Glauben, im
Nächsten durch die Liebe. Durch den Glauben fährt er auf
zu Gott, von Gott fährt er wieder abwärts durch die
Liebe."[301]

c) Priestertum aller Gläubigen

Luthers bekanntes Wort "Dan was auß der tauff krochen ist,
das mag sich rumen, das es schon priester Bischoff vnd
Bapst geweyhet sey, ob wol nit einem yglichen zympt, solch
ampt zuvben...."[302] findet sich inhaltlich schon in der
Vorlesung über den Römerbrief. Auch was die Heiligen betrifft, entwickelt Luther ein neues Verständnis, heilig
sind nämlich "omnes, qui in Christo credunt."[303] Das
scholastische Verständnis der Heiligen war nach Luther
Heiligkeit in bezug auf die Moral. "Durch die Werkerei
wird der Glaubende allmählich heiliger." In der Scholastik
wird von einem Heiligen gerade das gefordert, was Luther
in seiner Schrift "Von der Freiheit eines Christenmenschen"
für nutzlos erklärt. Entsprechend der Leistungen war in
den Gemeinden eine religiöse Klassenbildung entstanden.
Das hatte zur Folge, daß man wegen dieses Stufengedankens der Heiligkeit zuerst für sich selber sorgen wollte
und sich danach den Anderen zuwenden, um Gewißheit der

---

300 WA 2, 754
301 WA 7, 38
302 An den christlichen Adel deutscher Nation, S. 8
303 WA 56, 469

eigenen Rettung zu erlangen. So sah Luther in der Heiligkeit des Menschen im moralischen Sinn als Wurzel die Selbstsüchtigkeit und den Hochmut, die er auch in seiner Vorlesung über den Römerbrief angriff. Seine Gegenposition besagt dann: Alle Gläubigen sind Heilige und Priester. Das bedeutet nicht, daß die Laien die Privilegien der Priester rauben und annehmen könnten, sondern daß die Charakterisierung der Priester auch für sie gilt, nämlich Knecht zu sein gegenüber dem Nächsten aus Liebe, aus freiem Willen und mit Freude, wie Christus sich als Priester für alle hingegeben hat.

d) Beruf

Grundsätzlich folgt aus dem Gedanken, daß jeder Getaufte Priester sei, die Gleichheit der Ämter in bezug auf ihren Wert.
Das Priestertum als Amt und Werk hat keine andere Wertung als alle anderen Ämter, die mit Glauben ausgeführt werden. Denn jeder dient mit seinem Amt und Werk den anderen und nützt ihnen, "um Leib und Seele zu fördern, gleich wie die Gliedmaßen des Körpers alle einander dienen."[304] Es gibt bei Luther nicht nur keinen Unterschied zwischen den Christen sondern auch keinen Wertunterschied zwischen den verschiedenen Arbeiten der Christen. Denn Arbeit als solche ist Befehl Gottes seit dem Sündenfall.[306] Keinesfalls darf der Mensch aber aufgrund seines Christseins Brot von seinem Nächsten fordern. "Wenn aber jemand so schwach ist, daß er sich selbst nicht ernähren kann, da (gilt) Christus (und sein Vorbild)"[307]

---

304 An den christlichen Adel deutscher Nation, S. 9
305 Predigt über 1. Petr. 5; 7, 8 WA 47, 816
306 WA 15, 367; 14 - 19
307 WA 34 I, 139; Predigt über Philipper 2, 5 - 8

e) Weltliche Obrigkeit

Die Frage nach dem Verhalten der Christen gegenüber der weltlichen Obrigkeit entsteht folgendermaßen:

Luther lehrt, daß im gegenwärtigen Leben zwei Reiche bestehen, das Reich Gottes und das Reich der Welt. Zum Reiche Gottes gehören alle diejenigen, die im Glauben an ihn leben; hier ist Christus König und Herrscher, denn er hat dieses Gottesreich in der Welt entstehen lassen, und er regiert darin durch den heiligen Geist.[308]
Zum Reich der Welt gehören alle diejenigen, die nicht an Christus glauben, die also auch nicht nach christlicher Art leben.[309]

Aber die Bürger des Gottesstaates können nicht verhindern, gleichzeitig Bürger des weltlichen Staates zu sein, und daran entsteht die Frage, wie sich die Christen in ihrer Zugehörigkeit zu zwei Mächten gegenüber der weltlichen Macht verhalten sollen. Luther sagt dazu: Die Christen "bedürfen keines weltlichen Schwertes noch Rechtes."[320]
Aber der natürliche Mensch ist wie ein "wildes, böses Tier", daher ist für ihn das weltliche Schwert notwendig, seine freie Begierde zu zähmen.[311]
Trotzdem dürfen die Christen das weltliche Gesetz nicht verachten, sondern sie müssen sich weltlichem Recht, Macht und Gewalt fügen. Denn die Gewalt der weltlichen Obrigkeit ist dieser um der Ordnung willen von Gott verliehen, um den äußeren Frieden zu erhalten.[312] Die Gehorsamkeit der Christen gegenüber der weltlichen Obrigkeit resultiert nicht aus ihrer Ohnmacht gegenüber der Politik, sondern daraus, daß sie die Bedeutung und Notwendigkeit der welt-

---

308 WA 11, 249
309 WA 11, 251
310 WA 11, 250
311 WA 11, 251
312 WA 18, 307

lichen Mächte für ihren kranken Nächsten erkennen. Sie wissen, wie Paulus gesagt hat, daß der Starke nicht seiner Stärke wegen stolz sein darf, sondern mit seiner Stärke die Schwachheit anderer tragen soll. Ihr Gehorsam im weltlichen Reich ist also gleichzeitig Dienst und Liebe zum Nächsten und zur Obrigkeit.[313] Allerdings gibt es eine klare Grenze in diesem Gehorsam, wenn nämlich die Obrigkeit gebietet, gegen Gott zu handeln, wenn sie zwingt, "so oder so zu glauben", wenn die Forderungen beider Reiche in Widerspruch geraten, dann muß der Christ der weltlichen Obrigkeit widerstehen, denn "es gebührt Lucifer nicht, neben Gott zu sitzen."[314] In diesem Fall sollen die Christen Gott mehr gehorchen als den weltlichen Herrschern. "Ebenso ziemt sich's in gleicher Weise nicht, wenn die Obrigkeit nichts tun und die Sünde regieren lassen wollte, und wir dazu stillschweigen."[315] In diesem Sinn fordert Luther in seinem Appell "an den christlichen Adel deutscher Nation" die christlichen Fürsten auf, mit ihm zusammen die Situation der Kirche zu verbessern und in bezug auf politische Fragen, das Schul- und Universitätssystem zu reformieren, die Armenpflege zu ordnen und vor allem, die Macht über das Volk in Liebe auszuüben.

---

313 WA 11, 254
314 WA 11, 261
315 WA 6, 267

f) Ehe

In jener zitierten Schrift, "An den christlichen Adel deutscher Nation" setzt sich Luther für die Abschaffung des Zölibats ein, das ohne rechte biblische Begründung auf einer langen Tradition ruhte. Ehe ist den Menschen von Gott durch die Schöpfungsordnung angeboten. Nur durch sie kann sich die Menschheit erhalten.
Sie ist der Natur ebenso tief eingepflanzt wie Essen und Trinken, was niemand ändern kann.[316] So ist das Zölibat ein Verstoß gegen die Schöpfungsordnung und den Willen Gottes. Daher darf weder die Kirche noch dürften die Eltern die Ehe verbieten. Die Ehe ist auch kein Sakrament, sondern eine Sache des Bürgers, also eine persönliche Sache. Ehe ist nicht nur erlaubt, sondern wichtig für jeden, weil sie der Ort der Liebe ist, weil Liebe aber als verwirklichte Liebe zu Christus betrachtet werden kann. Nach Luther wird für den Christen in der Ehe die Verbindung Christi mit seiner Braut, der Kirche, in menschlicher Kategorie und symbolisch erlebbar.[317]
Luther selbst heiratete bekanntlich fünf Jahre nach dieser seiner Aufforderung zur Abschaffung des Zölibats die ehemalige Nonne Katharina von Bora. Solche Konsequenz war für ihn und seine Anhänger nicht leicht, und Luther war deshalb verschiedener Kritik und Mißverständnissen ausgesetzt.
Die Befreiung vom Zölibat auch für sich geltend zu machen, hatte Luther nicht geplant. Noch Ende 1524 sagt er: Mein Sinn ist fern vom Heiraten, weil ich täglich den Tod und die wohlverdiente Strafe eines Ketzers erwarte."[318]

---

316 WA 10 II, 165, 229
317 WA 15, 164, 15ff
318 WA 2, 168, 26ff

Damals befand er sich allein im Augustinerkloster, nachdem die anderen Mönche, seiner Ansicht über die Ehe folgend, ausgetreten waren. Er stand in jener Zeit unter der Kritik und dem Verrat der Bauern, obwohl er doch in der Frage des Bauernkrieges seinen reformatorischen Standpunkt konsequent vertreten hatte. Damals sorgte niemand für Luther, doch er dachte in jener Zeit nicht ans Heiraten, sondern er fand sich plötzlich mit diesem Problem konfrontiert: "Der Herr hat mich plötzlich, und während ich an ganz anderes dachte, in den Ehestand hineingeworfen."[319] Zu Anfang waren Melanchton und Schurf über diesen Entschluß Luthers befremdet. Schurf äußerte sich dazu:" "Wenn dieser Mönch ein Weib nimmt, wird alle Welt und der Teufel selbst lachen, und sein ganzes bisheriges Werk wird er zunichte machen." Dagegen konterte Luther: "Ich habe mich duch meine Heirat so gering und verächtlich gemacht, daß ich hoffe, die Engel freuen sich und die Teufel weinen."

Doch Luthers Ehe hat für die reformatorische Kirche kein Problem bedeutet; der Hausstand der Familie Luther ist geradezu vorbildlich für das Haus eines protestantischen Pastors geworden.

---

319 zitiert nach Tim Klein, Luther, S. 210

(3) Vergleich

a) Die Anschauung des Menschen
Beide, Luther und Shinran, finden im Menschen die Sündigkeit vor, von der er sich selbst nicht befreien kann.

Für Luther besteht Sünde in allem, was der Mensch aus eigener Kraft tut. Alle guten Werke sind Hochmut und also Sünde, wenn sie nicht aus Dank zu Gott geschehen. Aber der Mensch kann gute Werke vollbringen, wenn die Gnade Gottes die treibende Kraft ist, darin besteht des Menschen Gerechtigkeit im passiven Sinn.

Für Shinran besteht die Sündigkeit im Bonnō, in der Begierde. Die Begierde hindert den Menschen daran, Gutes zu tun.
Shinran betonte nicht, daß etwa aus Jihi der Mensch sich zu guten Werken getrieben fühlt, denn er lebt ja auch nach seiner Rettung weiterhin im Bonnō, in dieser Welt. Wie schon dargestellt, ist Jihi hauptsächlich auf den einzelnen Menschen bezogen, der sie empfangen hat. Angesichts des Chaos im Gebiet ethischer Meinungen, besonders der Bewegung Honganbokori, (vgl. S. 53 Anm. 119) wies Shinran an dieser Stelle auf die Gleichheit des Menschen mit Amida hin, und diese Gleichheit ist Ausdruck dafür, daß die Rettung des Menschen schon in dieser Welt wirklich geworden ist, daß das Verhalten zum Nächsten durch die Gleichheit mit Amida neu bestimmt ist.

Conformitas und Gleichheit mit Amida

Allgemein gesagt versteht man unter conformitas mit Christus bzw. Gleichheit mit Amida die Vereinigung des Menschen mit Christus bzw. mit Amida. Inhaltlich aber bedeutet solche Vereinigung etwas Verschiedenes. In conformitas erfüllt der Mensch das erste Gebot und das Gebot der Menschenliebe.

Nach der Lehre Shinrans folgt aus der Gleichheit mit
Amida die Gleichheit der Menschen untereinander und die
Bruderschaft, die das ethische Handels bestimmt.
Der Mensch muß in conformitas mit Christus täglich seine
Begierde kreuzigen, um als neuer Mensch dem Nächsten
zu begegnen.
Entsprechend erlebt der Mensch in der Gleichheit mit
Amida schon im Bonnō des Nehan.

b) Die christliche Freiheit bzw. Jinen-hōni

Die Freiheit des Christen von allen guten Werken gründet
in seiner Rechtfertigung; Jinen-hōni ist Ekō, und ihr
Ziel ist Mujō-Nehan.[320]

Nächstenliebe und Mission (Jishin kyo ninshin):
Der Freiheit zu guten Werken entspricht die Dankbarkeit
zu Amida, die sich in der Mission ausdrückt (Jishin kyo
ninshin). Gute Werke sind notwendig, um gegen das Fleisch
zu kämpfen und die Sünde zu kreuzigen und zur Konkretion
der Nächstenliebe. Aber der Kampf gegen die Begierde geschieht nicht um des Kämpfenden selbst willen, sondern er
erscheint in guten Werken für den Nächsten. Nächstenliebe in guten Werken auszudrücken, trägt die Möglichkeit
zu sozialer Wirksamkeit in sich und hat sich tatsächlich
daraufhin entwickelt.
In der Lehre Shinrans ist das Problem der fortdauernden
Begierde über die Rettung hinaus durch Nembutsu gelöst,
und die höchste menschliche Jihi ist in Gensō- Ekō gefunden, mit der man seinen Nächsten retten kann. Aber
da die Rettung durch Gensō-Ekō erst nach der Wiedergeburt
des Rettenden im Jodo möglich ist, muß er seine Jihi in der
Mission ausdrücken. In diesem Zusammenhang ist von Shinran
der rein religiöse und zukünftige Sinn des Jodō betont.

---

320 Vgl. S. 57, Anm. 131

Dieser Unterschied hat einen theologischen und zeitgeschichtlichen Hintergrund:
Nach Luther und Shinran ist die Rettung des Menschen jedenfalls verdient worden durch Christus und Amida. Nach der Liebe Shinrans eignet sich der Mensch das Verdienst Amidas an, ohne die Askese Amidas, durch die dieser die Rettung verdiente, auf sich zu nehmen. Der Ausgangspunkt der Rettungslehre ist die Vollkommenheit der 48 Wünsche Amidas; der Prozeß, um diese zu erreichen, ist als Grund ihrer Möglichkeit dargestellt worden. Aber der Mensch braucht weder vor noch nach seiner Rettung diesen Prozeß nachzuvollziehen. Die Vorbildlichkeit Amidas gilt nur in bezug darauf, daß der Mensch aus dem Jodo wieder zur Welt kommt und durch Ekō die anderen Menschen retten kann.
Nach der Lehre Luthers muß sich der Mensch aber nicht nur das Verdienst Christi aneignen sondern auch die Bedeutung des Kreuzes. Nach der Rechtfertigung ist es möglich, und der Mensch wird durch den Glauben geradezu getrieben, seine Begierde zu kreuzigen, das findet seinen Ausdruck in der Nächstenliebe. Die Energie, die er vorher zur eigenen Gerechtigkeit aufgeboten hat, wird durch die Rechtfertigung frei für den Nächsten.
Zur Zeit Shinrans, am Ende der Heian- und zu Anfang der Kamakurazeit, lebte die Geselslchaft in tiefer Resignation wegen der ständigen Hungersnot, Erdbeben, Seuchen und dauernder Umstürze in der Regierung (vgl. S. 9). Besonders ausgeprägt war die Resignation gegenüber dem Leben in der Lehre der Laien des Jodomon, in der Denkweise Enriedo (diese Welt hassen und sich schnell von ihr trennen). Als Shinran seine Lehre entwickelte, lebte er - wie gesagt - unter den Bauern. Für diese war es das zweite Problem, sich von der Sündigkeit zu befreien. Das erste Problem bestand darin, wie sie sich aus der Resignation befreien konnten. Einen Grund zur Hoffnung konnten sie nicht finden, und darin hatten sie recht, denn ihre Situation sollte noch 600 Jahre dauern.

Wichtiger noch als dies ist die Tatsache, daß in jenen
drei Kanons von der Jihi Amidas die Rede ist, aber weniger
deutlich wird von der Jihi des Geretteten zu seinem
Nächsten, von der Nächstennliebe gehandelt wie in der
Bibel.

Zur Zeit Luthers lebte das Volk in der Hoffnung auf
eine Änderung der herrschenden Zustände. Vor allem
hatten die Herrschenden zum Teil den gleichen Glauben,
und die Zeit war die des erwachenden Bürgertums. Die
Laien, die Luther anhingen, waren keineswegs nur Bauern,
sondern er hatte Anhänger aus allen Volksschichten. Die
Lage der Bauern war auch nicht so total aussichtslos wie
die der japanischen Bauern, die Jahrhunderte lang "statt
zu essen Wasser trinken mußten."[321]

In der Darstellung der Freiheit zu guten Werken schildert
Luther die Freude der neuen Kreatur. Vom Anfang der Gerechtigkeit bis zu ihrer Vollkommenheit führt eine ununterbrochene Linie. Bei Shinran herrscht stark die Tendenz,
den weltlichen Kummer für Nichts zu achten, weil er nur
augenblicklich ist und die Wiedergeburt im Jodō schon
bestimmt. Zwar lehrte er die Menschen im Nembutsu für
die Besserung der Welt zu beten, aber dadurch fühlte
sich niemand zur Reform der sozialen Lage verpflichtet.
Denn Nembutsu schließt solche Änderung der Gesellschaft
zum Guten mit ein.

c) Priestertum aller Gläubigen und Dōzoku Jishu.

Shinran und Luther haben beide die Abschaffung der
priesterlichen Privilegien verwirklicht.
Man kann sagen, Shinran hat die Priester den Laien
gleichgestellt, und Luther hat die Laien in die Stellung
der Priester erhoben. Im Buddhismus allgemein besteht

---

[321] ein typischer Ausdruck für das Elend der Bauern

das Charakteristikum des Priesters in der Askese. Er muß getrennt von den Laien im Tempel oder Kloster unter strengem Gesetz leben, um das erforderliche moralische und geistige Niveau zu erreichen.[322] Da das asketische Leben durch Amidas Ekō unnötig geworden ist und als einzige religiöse Tat Nembutsu übrig bleibt, die jeder ohne Übung und besondere Ausbildung ausführen kann, gibt es nichts, das die Priester den Laien voraus haben. Durch diese Erkenntnis Shinrans konnte der Buddhismus, der bis dahin nur an bestimmten Orten und als Geheimnis gepflegt wurde, in die Städte eindringen. Die Popularisierung wurde mit solchem "theologischen" Hintergrund von Shinran vollzogen.

Von Luther muß man umgekehrt sagen, er habe die Laien in den Stand der Priester erhoben. Das bedeutet nicht, daß die Laien die Gewalt des Opferns und der Sündenvergebung haben, was nach katholischem Maßstab Charakteristikum des Priesters ist, sondern, daß die Laien ebenso wie die Priester den priesterlichen Charakter Christi zum Vorbild nehmend sich zum Knecht aller Dinge machen und die Schwachheit ihres Nächsten tragen. Denn der Priester lebt nicht mehr in sich selbst, sondern in Christus und in seinem Nächsten. Er hat kein Privileg, sondern er führt sein Leben in der Dankbarkeit für die Güte Gottes, das bedeutet im freiwilligen Dienst am Nächsten in Liebe.[323]
So aber lebt auch der Laie, an dem die Rechtfertigung geschehen ist.

d) Communio sanctorum und Dōhō dōgyo

Den Grund, der Shinran veranlaßte, keine Kirche zu errichten, kann man in seinem Verhältnis zu Hōnen finden. Er selbst gibt als Begründer seiner Gruppe Hōnen an.

---

322 Suzuki, Jōdo kei shisoshi, shinshukanken, S. 78 Kyoto 1939. Nach: Shinran nōto, Hattori
323 nach: "Von der Freiheit eines Christenmenschen", WA 6, 27 ff

Auch Shinrans Frau gab Hōnen den Titel "Begründer" nicht
aber ihrem Mann. Nach dem Tode Hōnens hatte Shinran jedoch
keine Beziehung mehr zu dessen Orden. Shinran nennt als
Begründer seiner Gruppe Hōnen und gibt ihr den Namen
"Dōhō dogyo" (gleiche Mitglieder, gleiche Tat). Darin
wird deutlich, daß Shinran in diesem Namen und Motto den
Willen Hōnens verwirklichen wollte. Deutlicher noch,
um Shinrans Gedanken zu verstehen, ist das Zitat: "Shinran hat keine Schüler." Die Parallele zu Lehrer und Schüler im damaligen Feudalismus war das Verhältnis Herr und
Knecht. Solches Verhältnis in der Gruppe Shinrans hätte
der Gleichheit des Menschen mit Amida und deshalb auch
der Gleichheit untereinander widersprochen.
Der Name der Gruppe, "gleiche Mitglieder" bedeutet, daß
es keine Rolle für die Bruderschaft spielt, welche Ausbildung und welche Stelle in der Gesellschaft der Einzelne hat; "gleiche Tat" bedeutet, daß es keine Teilaufgaben in der Gemeinde gibt. Jeder kann durch die
gleiche Tat, durch Nembutsu gerettet werden, und jeder
muß diese einzige religiöse Tat ausführen. Dadurch ist
die Individualität der einzelnen Glieder in keiner Weise
beschnitten.

Der Charakter der communio sanctorum ist durch die Bedeutung der beiden Sakramente deutlich geworden.

Sancti sind alle, die getauft und durch den heiligen
Geist geheiligt sind; communio bedeutet teilhaben
und teilgeben unter den Mitgliedern. Die Mitglieder
verstehen sich als Glieder des Leibes Christi, und ihre
Funktion ist entsprechend der eines Gliedes. Doch ist
die Individualität eines jeden Mitgliedes in bezug auf
und in Verbindung mit den anderen Gliedern als möglich
gedacht.

Die unterschiedliche Auffassung der Individualität in der Gemeinde geht aber letztlich auf den Unterschied zwischen dem Sinn der beiden Sakramente (Taufe und Abendmahl) und Nembutsu zurück.

Sakrament, Abendmahl, Taufe und Nembutsu

Die Ähnlichkeit besteht darin, daß beide sichtbare Zeichen der Rettung sind. Sakrament und Nembutsu sind gleichzeitig mit dem Glauben zur Rettung unbedingt notwendig. Für beide braucht man weder Ausbildung noch Übung, so können alle Menschen daran teilnehmen. Das wichtigste ist aber die Vereinigung mit Christus im Sakrament und die Vereinigung mit Amida durch Nembutsu. Aus solcher Vereinigung folgen dann verschiedene Konsequenzen für das Verhalten zum Nächsten, bei Shinran die Mission, bei Luther die Nächstenliebe und ihr entsprechende Taten. Nembutsu, das erstmalige und die folgenden haben gleichzeitig die entsprechende Bedeutung wie Taufe und Abendmahl in bezug auf die Rettung, auf die Wahrung des Glaubens, auf das Verhalten zum Nächsten. Aber es fehlt in der Bedeutung von Nembutsu ein entsprechender Gedanke zum Sterben und Auferstehen mit Christus und zum Gedanken des Teilhabens am Leib Christi. Der Unterschied: Die beiden Sakramente, Taufe und Abendmahl, sind Wort Gottes; Nembutsu ist nur Symbol.

Wort Gottes bedeutet, daß der Mensch bei der Taufe die Bedeutung des Kreuzes, Christi Sterben und Auferstehen, die uns im Wort gegeben ist, spüren kann. Nembutsu als Symbol bedeutet, der Mensch kann bei der Auslegung nicht spüren, was Amida durch sein Wort offenbart hätte, sondern er muß alle Bedeutung in Nembutsu hineinlegen.[324]

---

[324] Das gilt auch für den Shintoismus: der Gottesdienst im Shintoismus besteht nur aus "Sakramenten", es gibt keine Predigt. Daher gibt es jetzt zeremonielle Taten, deren ehemaligen Sinn man nicht mehr ausfindig machen kann

Dasselbe gilt für einen Vergleich mit dem Abendmahl: Das
Abendmahl ist eine reale Ausdrucksweise für das, was Gott
gesagt hat, während ohne Realien (Wasser, oder Brot und
Wein) im Buddhismus die Tat des Nembutsu und dessen Bedeutung nur abstrakt gedacht werden kann.
So liegt einer der entscheidenden Unterschiede zwischen
Luthers und Shinrans Lehre in der Auffassung des Sakraments.

e) Beruf

Für beide, Luther und Shinran, gibt es keine Wertunterschiede der Berufe vor Gott bzw. Amida. Nach Luther ist
die Wertung der verschiedenen Berufe gleich, wenn man
im Glauben durch siene Arbeit der Gesellschaft dient.
Im Glauben ist die Arbeit als Berufung zu verstehen, weil
der Gläubige durch seine Arbeit eine Rolle als Glied des
Leibes Christi bzw. der Gesellschaft spielt. Der Wert eines Gliedes ist aber dem eines anderen gleich.
Ohne Glauben sucht der Mensch im Beruf und durch den Beruf nur seinen Vorteil, in diesem Fall ist er nicht als
Berufung verstanden. Durch seine Gedanken über den Beruf konnte Luther erreichen, daß sich die Gläubigen
freiwillig, mit Freude und mit Hinblick auf die Gesellschaft, in ihrem Beruf engagierten.

In der Lehre Shinrans gibt es keine Berufung durch
Amida; sondern Shinran interpretiert die jeweilige
Arbeit eines Menschen als zufällige Situation. Solche
Interpretation bedeutet positiv: Der Unterschied der
verschiedenen Arbeiten sagt nichts über den Wert eines
Menschen aus. Die Gleichheit des Menschen untereinander
gilt also auch im weltlichen Bereich. Insofern konnte
dieser Gedanke Shinrans einen Trost in der Resignation,
z. B. der Bauern, bedeuten. Andererseits konnte Shinran
durch diese Interpretation den Menschen keine Freude an
der Arbeit vermitteln. Er konnte nicht, wie Luther, die
Menschen sich für ihre Arbeit engagieren lassen. Letzt-

lich hängt das damit zusammen, daß Shinran Beruf und Glauben an Amida nicht im Zusammenhang gedacht hat.

f) Obrigkeit

Reformation mit dem Adel und ohne den Adel

In einem engen Sinn kann man bestreiten, daß Shinran die buddhistische Kirche reformiert habe, denn er ist aus der Kirche ausgetreten und hat als Laie missioniert. Zudem hatte seine Bewegung auch später keinen Einfluß auf die buddhistische Kirche ausgeübt, die er verlassen hatte, sondern er hat unabhängig von dieser eine ideale Gemeinde gegründet. Es ist üblich geworden, Shinran entsprechend wie Luther Reformator zu nennen, aber eigentlich muß von ihm in der Kategorie Uchimuras[325] gesprochen werden. Dementgegen hat Luther die Erneuerung der katholischen Kirche für nötig befunden. Seine Rolle war die eines Gliedes der Kirche neben anderen, neben kranken Gliedern der Kirche. Er appellierte an alle Glieder Kirche, an Bürger, Bauern und Adlige, er ließ die christliche Obrigkeit sich an den Reformen beteiligen.
Hier muß betont werden, gegenüber der Kritik an Luther, er sei ein "Knecht der Fürsten", daß Luther in seinen Gedanken nicht von der Politik abhängig war; sein Grund und Ziel der Reformation richtete sich auf die vera ecclesia gegen die falsa ecclesia, gegen das verdorbene Papsttum (so W. Maurer)[326]

---

325 Kanzo Uchimura: vgl. S. 141
326 Nach: W. Maurer, Kirche und Geschichte, Ges. Aufs. 1
    Hrsg. E.-W. Kohls, Göttingen, 1970, S. 90-96, 191

In Japan mußten Begründer einer religiösen Gemeinschaft sich politisch engagieren, wenn sie unter den Herrschenden Anhänger oder Unterstützer ihrer Bewegung finden wollten, denn die Obrigkeit war nicht so selbstverständlich der Religion verpflichtet wie die in Deutschland zur Zeit Luthers.
Shinrans Anhänger waren hauptsächlich Bauern; er hatte keine Beziehung zu den führenden Klassen des Landes. Es lag auch nicht in seiner Absicht, diese zu missionieren. Seine Bewegung widersprach dem Glauben dieser Kreise.
In diesen Fakten liegt der Grund für den Unterschied, daß nämlich Luther von Anfang an die Obrigkeit in seine Reformen einbeziehen konnte und dadurch, durch die Unterstützung von seiten des Adels, auch die soziale Lage beeinflussen konnte, und daß Shinran ohne die Unterstützung buddhistischer Machthaber missionierte und seine Bewegung sich außerhalb der führenden Klassen und der Kirche ereignete.
Luther lehrte, wie ausgeführt, zwei Reiche. Er mißtraute den Nichtchristen im Staat, deretwegen er der Obrigkeit Gewalt zur Erhaltung der Ordnung zugestand, der sich die Christen aber freiwillig unterordnen müssen, weil sie dadurch den Nichtchristen und der Obrigkeit eine Hilfe bedeuten. Luther akzeptierte die Gewalt als von Gott gegebene, aber er sah sie als dem Staat verliehen, nicht dem Einzelnen, Herrschenden. Die Vertreter des Staates und Träger dieser Gewalt aber können vom Volk gewechselt werden.

Shinran konnte aus zeitlicher Beschränkung keine Staatslehre entwickeln, aber es ist sicher, daß er an der persönlichen Gewalt Einzelner über das Volk zweifelte.

Zum Verhältnis zur weltlichen Obrigkeit äußert er sich:
"Ich habe nicht gesagt, daß ihr durch die Beziehung
(mit der führenden Klasse) missionieren sollt."[327]
Shinran wollte einer Einflußnahme der herrschenden
Klassen auf seine Bewegung ausweichen. Er mißtraute
ihnen und setzte sein Vertrauen allein auf die Bauern.
Diesen galt sein Mitleid, ihnen fühlte er sich solidarisch. Die Stellung seiner Gemeinde zur Obrigkeit sollte
konfliktlos sein, aber diese nicht bejahend. Die Welt
verändern könne seine Gemeinde nur durch Nembutsu, daher
ist der Kontakt zu Politikern nicht nötig. In diesem
Gedanken liegt die Möglichkeit seiner Nachfolger, bei
entsprechender Gelegenheit sich doch gegen die Obrigkeit
zu erheben. Die Trennung von den führenden Klassen ließ
die Obrigkeit die Gedanken der Gemeinde Shinrans mißverstehen. Es kam immer zu Zusmmenstößen, und die Gemeinde hatte keinen guten Vermittler, der die Obrigkeit
hätte verstehen lassen können, daß die Gemeinde ihren Weg
ohne Revolutionsgedanken gehe.

g) Ehe

Shinran und Luther sagen beide von sich, daß sie ihre Ehe
durch den Willen Gottes bzw. Kannon Bosatsu geschlossen
haben. Beide führten ein gutes Familienleben.
Shinran allerdings hat Bosatsu Buddha (in Gestalt einer
Frau) selbst geheiratet.[328]
Luther erklärt klar, aus welchen Gründen er sich gegen
das Zölibat wendet, vor allem, weil Gott dem Menschen
die Ehe zur Erhaltung der Menschheit anbietet.

---

327 Gosōshokushu, S. 615 (mit der führenden Klasse, nach Hattori)
328 Diese Idee der Gott-Mensch-Heirat findet man of in der japanischen Mythologie, wobei die göttliche Seite immer weiblich ist

Er konnte ganz natürlich heiraten, als er die Notwendigkeit dazu fand. Nur die Wahl des Ehepartners war die Frage, dabei aber fand er den Willen Gottes. Seine Ehe war bürgerlich, es finden sich keine mystischen Vorstellungen in ihr.
Shinran mußte lange um den Entschluß zur Ehe mit sich kämpfen, weil er sich sündig fand und seine Begierde nicht überwinden konnte. Er akzeptierte schließlich die Ehe als Wissen Kannon Bosatsus. Für Shinran besteht das Wesentliche des Partners darin, daß er Glaubenspartner ist.

X. Das Mißverständnis der neuen Lehre unter den Zeitgenossen Shinrans und Luthers

Während sich die Lehre Shinrans verbreitete, unterlag sie folgenschweren Mißverständnissen und Verfälschungen. Die Mißverständnisse bestanden darin, daß man glaubte, keines moralischen Gesetzes mehr zu bedürfen, weil man ja durch den Glauben allein, unabhängig vom Verdienst des Einzelnen gerettet werden könne.
Eine ähnliche Denkweise wie diese, genannt "Honganbokori"[329] kann man als mißverstandene Interpretation Luthers bei dem Antinomisten Agricola finden.

Die Verfälschung der Lehre Shinrans wurde zu einer Schwärmerei, einer Vermischung des Nembutsuglaubens und einer freien Interpretation der Lehre Shinrans mit einer besonderen Stellung der Sexualität, genannt "Ianshin".[330]

Die Möglichkeit des Vergleichs mit einer Verfälschung der Lehre Luthers bietet das Schwärmertum in Münster.[331]

Honganbokori

Shinran klagt in einem Brief an seinen Sohn Zenran: "Shingan läßt die Leute mögen, was man nicht denken darf, tun, was man nicht tun darf, und sagen, was man nicht sagen darf. Er sagt, daß der Mensch dem Bösen folgen dürfe, weil er von Natur aus böse sei." Shinran wandte sich gegen solche Meinung: "Ich habe nie gesagt,

---

329 Honganbokori, Hochmut, wegen der Gnade Amidas
330 Ianshin: ein anderer, falscher Friede
331 Karlstadt und Th. Münzer werden hier nicht mit den Verfälschern der Lehre Shinrans verglichen, da Karlstadt das Gesetz nicht als unnötig verstanden hat und Münzers Theologie von Anfang an eine andere Wurzel als die Theologie Luthers hatte, da er sich nicht auf die Schrift sondern das "innere Licht" berief. "Münzer hatte ein anderes Evangelium" (Franz Lau)

daß man die bösen Dinge lieben solle, weil diese kein Hindernis für die Rettung bedeuten."[332]

Shinran erkannte die Wurzel des Honganbokori in einer falschen Auffassung der Freiheit, nicht der Freiheit von eigenen Verdiensten zur Rettung, sondern der Freiheit als Freiheit zur Erfüllung der eigenen Lust.
Im Tannisho behandelt er nochmals dieses Problem: Ob jemand Gutes oder Böses im Sinn hat, das hängt ab von dem Grund, den er in seinem vergangenen Leben selbst geschaffen hat. Deshalb darf man ihn nicht für das Böse strafen, aber man darf dem Bösen auch nicht recht geben, weil es von Geburt an besteht, sondern man muß es als Böses bestehen lassen und daran glauben, daß Amida solche Menschen, die Böses tun, ohne Verdienst rettet. Dann kann der Mensch durch fremde Kraft auch vom Bösen im Leben befreit werden.

Schwärmertum im Buddhismus, Ianshin

Shinrans Briefe geben uns Informationen über das Geschehen in Kamakura.[333/334] Die Regierung wollte die Mission der Gruppe Shinrans verhindern. Unter den Anhängern Shinrans war eine Gruppe unter der Führung seines Sohnes entstanden, von der die Obrigkeit annahm, daß sie mit der Moral der Gesellschaft in Konflikt geraten müsse. Die Irrlehre dieser Gruppe bestand darin, daß die Rettung durch ein Herz oder durch ein Nembutsu interpretiert wurde als das Symbol der Vereinigung von Mann und Frau.

---

333 Kamakura, damaliger Sitz der Regierung in der Nähe von Tokyo
334 Fumiaki Yamada, Shinran to sono kyodan, S. 167-170 Kyoto 1949

Shinran nannte die Verbreiter dieser Irrlehre "Go gyaku hōbō"[335] und verbot den Kontakt mit ihnen.
Er selbst verbannte seinen Sohn aus seiner Gemeinde.
Im Tannisho äußert sich Shinran zu dieser Lehre folgendermaßen: Er führt diese Verfälschung seiner Lehre auf den Mangel an Sündenerkenntnis zurück. Ihre Anhänger hatten keinen Maßstab für Gut und Böse.
Das Wort Shinrans: "Wenn ich über die Wünsche Amidas tief und genau nachdenke, sollen die Wünsche für Shinran allein gelten", entspricht genau jenem Satz Zendos:
"Ihr sollt wissen, daß ihr nichts anderes seid als Sünder, seit Ewigkeit im Bonnō untergehend und im Kreise laufend und keine Kraft habt, euch davon zu befreien."
Shinran hat die Sünde, die Amida aufdeckt, auf sich selbst bezogen, und dadurch wollte er die Menschen lehren, die Sünde als ihre individuelle Sünde zu erkennen. Amida gibt den Maßstab für Sünde und Güte, dieses kann man ohne kihō nishu jinshin nicht verstehen. Aber auch wenn der Mensch verstehen könnte, könnte er durch Güte die Rettung nicht verdienen, weil er im Bonnō lebt. Daher will Amida ihn durch Nembutsu allein retten.[336/337]

---

335 Go gyaku hōbō, die Verbrecher der fünf ärgsten Sünden und die Lehrer, die absichtlich die Lehre vom Dharma verfälschen

336 Tannisho S. 640 ff

337 Der Historiker Hattori urteilt, daß die Schrift Shinrans über die Lehre "ginakio-gitosuru" (Ungerechte gerecht machen) gegen diese Ketzer und für seine Laien geschrieben sei. (S. Hattori Shinran nōto S. 137)

Antinomisten:

Der Anlaß der Luthers Schrift "Wider alle Antinomer" von 1539 ist folgender: Magister Jobst zeigte ihm die Sätze Agricolas, nach deren Aussage das Gesetz in der Kirche nicht gepredigt zu werden braucht, weil es nicht zur Rechtfertigung diene. In solcher Gesetzesinterpretation fand Luther die Linie der Schwarmgeister und Thomas Münzers.[338] Bei Agricola wird die Gnade so überbetont, daß das Gesetz neben ihr keinen Platz mehr findet. Evangelium und Gesetz werden derart voneinander gerissen, daß die Verkündigung des Evangeliums dem Predigtstuhl, die Erkenntnis und Handhabung des Gesetzes aber dem Rathaus zugewiesen wird.[339] In dieser Trennung von Gesetz und Evangelium sah Luther die Gefahr, daß eine weltliche Obrigkeit, die in eigener Vollmacht über das Gesetz verfüge, schließlich Evangelium und Gesetz gleichermaßen verachten und mißbrauchen könne.[340] Die gleiche Möglichkeit und Tendenz, nämlich Gesetz und Evangelium zu mißbrauchen, findet Luther auch im Schwärmertum in Münster, das unter dem Deckmantel des Vertrauens auf die Barmherzigkeit Gottes alles zu tun wagt, "wonach sie gelüstet, als ob der Glaubende keine Sünde mehr beginge."[341]

Luther dagegen lehrt, das Gesetz ist dem Menschen von Gott ins Herz geschrieben und kann ihm deshalb nicht weggenommen werden. Dieser Versuch bedeutet, daß der Teufel Christentum, den Erfüller des Gesetzes, wegnehmen will. Nach Röm. 5, 13 ist das Gesetz nötig zur Erkenntnis der Sünde und des Zornes Gottes, und durch Sündenerkenntnis gelangt man zur Buße, durch den Zorn Gottes verlangt man nach Gnade. Aber jener Irrlehrer "Haben sich erdichtet eine neue Methode, daß man soll zuerst die Gnade predigen, danach

---

[338] Münzers Meinung zum Gesetz ist nicht antinomistisch. Luther meint hier, daß Agricola die Interpretationsmethode der Bibel von Th. Münzer übernommen habe

Offenbarung des Zorn, auf daß man das Wort (Gesetz) ja nicht hören noch reden dürfe...........

---

339 Nach H. Fausel, D. Martin Luth. II, 231 ff
340 Nach TR 4, 4790 aus den drießiger Jahren
341 Nach TR 4, 4002 Sept. 1538

Schwärmertum in Münster

Zuerst muß dargelegt werden, welche Elemente der buddhistischen entsprechenden Erscheinung fehlen und welche dem Schwärmertum in Münster entsprechen.

Die Wiedertäufer in Münster hatten die Absicht, das Gottesreich aufzurichten, eine politische Absicht also, und bei ihrer Methode scheuten sie sich nicht, Blut zu vergießen. Solche Absicht fehlt bei den entsprechenden Phänomenen, die sich aus Shinrans Lehre ergaben. Vergleichbar, d.h. in der Verfälschung der Lehre Luthers wie in der Shinrans auftretend, ist das Phänomen eines Mißbrauchs der Sexualität. Diese Verfälschung auf christlicher Seite geht auf eine Vermischung von Evangelium und Gesetz zurück und auf den Mißbrauch evangelischer Freiheit, die zum Sturz der Gesetzlichkeit führt.[342]

Die Schwärmer in Münster erwarteten von Anfang an nicht Luthers Zustimmung. Luther hat sich auch nur gelegentlich zu ihnen geäußert: "ach, was soll ich doch und wie soll ich doch wider oder von diesen elenden Leuten zu Münster schreiben?" Er war müde, den immer ähnlichen Verfälschungen des Evangeliums in ihren äußeren Auswirkungen zu reagieren; er fand es vielmehr notwendig, die Kenntnis und das Verständnis der Bibel allen zugänglich zu machen, weil der Grund solcher Verfälschungen immer in irgendeinem Geist ohne Grundlage des Wortes Gottes lag.

So gab Luther 1534 die erste deutsche Übersetzung der Bibel heraus, ein Jahr bevor der Spuk in Münster zu Ende ging.

---

342 So H. Fausel in "D. Martin Luther, 2. Aufl.,1968,S.226

Vergleich: Antinomisten und Hongangbokori

Die Freiheit im Sinn des Evangeliums und Jinenhoni haben beide - wie schon dargestellt - den doppelten Sinn der Freiheit von guten Werken, der Gesetzeserfüllung und der Freiheit zu guten Werken, (zur Gesetzeserfüllung). Die Antinomisten wie die Hongangbokori haben nur die Freiheit von guten Werken in ihr Gedankenmaterial aufgenommen, und die Lehre, im Glauben Freiheit zu guten Werken zu gewinnen, blieb unbeachtet, weil sie die Notwendigkeit des Gesetzes vor und nach der Rettung nicht verstanden. Hinter diesem Phänomen im Buddhismus, wie in der Verfälschung der Lehre Luthers, liegt der gleiche Grund; die Lehre von der Rettung durch Gnade und durch Glauben bei Shinran sowie bei Luther ist durch die strenge Sündenerkenntnis wiederentdeckt worden. Beide sind durch ihr Scheitern am Gesetz zur Erkenntnis ihrer persönlichen Sündigkeit und zur Erkenntnis des Abstandes zwischen Gott bzw. Amida und dem Menschen gelangt und fanden dadurch die Passivität des Menschen vor Gott in bezug auf die Rettung.

Die Möglichkeit der Freiheit zu guten Werken, d.h. zum Gesetz, ist gegründet auf die Passivität des Menschen gegenüber Gott. Bis Shinran Jinen honi entdeckte, fand man bei ihm diesen Gedanken parallel zu Luther. Die Schwierigkeit, ihre Lehre zu missionieren, bestand für beide darin, daß der Kern durch ihre eigene Erfahrung gefunden wurde. Beide können aber andere Menschen das Gesetz, wie sie es erfuhren, nicht erleben lassen. Ihre Anhänger haben die Möglichkeit, den Kern der Lehre zwar zu hören, aber wenn ihnen das Erlebnis der eigenen Sündigkeit fehlt, beginnt ihre Erfahrung sogleich mit der Gerechtigkeit Gottes. Hier liegt die Gefahr einer nur oberflächlichen

Erkenntnis der eigenen Sünde, und ihre Notwendigkeit kann schließlich von der Gnade beiseitegeschoben werden. Damit wird auch (so bei Agricola) das Gesetz unnötig und bei Agricola sogar zum Hindernis für das Verständnis der Rechtfertigung.
Auf buddhistischer Seite wurde unter diesem Mißverständnis der eigenen Lust gefolgt. Luther fand bei Agricola zumindest solche Gefahr.

Das Schwärmertum in Münster und Ianshin

Das Charakteristische dieses falsch interpretierten Freiheitsbegriffs Luthers und Shinrans besteht darin, daß die Anhänger ihre rohe Lust unter dem Namen der Barmherzigkeit Gottes bzw. Amidas und unter Berufung auf die neue religiöse Bewegung erfüllt haben. Hier ist die Unmöglichkeit der Vereinbarung der Heiligkeit Gottes bzw. Amidas und der menschlichen Lust mißachtet worden. Aber diese Menschen haben die Verfälschung des Freiheitsbegriffs nicht bemerkt. Dieses Phänomen ist begründet in dem verlorenen Maßstab der Moral. Moral aber hat der Mensch durch das geschriebene und ungeschriebene Gesetz Gottes. Bei diesen Menschen hat das Gesetz keinen Raum, in den hinein es gesprochen werden könnte, und was ihre Lust erfüllt, ist die Gnade Gottes bzw. Amidas geworden.
Luther beeilte sich, die gesamte Bibel zu übersetzen, um die Leute das Wort Gottes richtig verstehen zu lassen. Shinran schrieb in dieser Zeit die meisten seiner populären Schriften, um die Menschen die Wünsche Amidas richtig verstehen zu lassen, und dabei sind seine Lehren von "Akunin shoki"[343] und "Ginakio gitosuru" systematisch geworden.

---

343 Vgl. S. 53, Anm. 118

XI. Schluß

Ergebnis in der Phänomenologie der Religion

Was für die Reformation durch Luther in jenen Schlagworten, sola gratia, sola fide, sola christo, sola scriptura ausgesagt ist, findet man, im buddhistischen Sinn, auch in der Lehre Shinrans.

Aber die Begründung Shinrans für seine Lehre ist nicht in so starkem Maße allein dem Kanon entnommen, wie Luther verfährt, der seine Meinungen immer unmittelbar aus der Bibel beweist.

Shinran bezieht viel mehr Traditionsgut in seine Lehre ein, obwohl er den Daimuryoju Kanon als den "richtigen" erkannte.

Iustificatio ist der Kerngedanke Luthers in bezug auf die Rettung des Menschen durch Glauben allein.

Ekō ist der Kerngedanke oder das Motiv der Rettung durch Glauben allein in der Lehre Shinrans. Daraus wird deutlich, daß nicht nur im christlichen Verständnis der Rettung des Menschen diese durch den Weg Gottes zum Menschen geschieht.

Da der vorliegende Vergleich nur zwischen christlicher und buddhistischer Lehre besteht, darf das Phänomen, daß die Rettung durch die Richtung Gottes zum Menschen geschieht, nicht als allgemeines Phänomen der Religion bezeichnet werden, aber man kann durchaus in der Nebeneinanderstellung Luthers und Shinrans Ekō im buddhistischen Sinn der iustificatio im Sinne Luthers vergleichen.

Als grobe Unterscheidung in bezug auf Christentum und
Buddhismus wird oft angeführt, Gott wird als persönlicher
Gott vorgestellt, Buddha aber unpersönlich. Als allgemeine Aussage mag das gelten. Amida, nicht allgemein
Buddha, hat Jihi, und Jihi ist der Liebe Gottes sehr ähnlich, zumindest wird auf der Seite buddhistischer Interpreten Jihi und Liebe Gottes oft als sich Entsprechendes
dargestellt. Wenn man aber Jihi Amidas nach dem Verständnis Shinrans tief analysiert und mit der Liebe Gottes,
nicht allgemein, sondern wie sie Luther begriff und wie
sie Th. Harnack als Interpret Luthers darstellt, vergleicht, dann werden entscheidende Unterschiede klar.
Shinran ist durch einen Prozeß in drei Stufen, genannt
san gan tenyu, zu seiner Lehre gelangt. In seiner geistlichen Entwicklung sind diese Stufen ganz klar erkennbar,
noch mehr, er war sich ihrer bewußt und formulierte sie.
Das ist in der Phänomenologie ganz selten. Es sind Erfahrungs- und in die Erkenntnis eingegangene Stufen, klar
voneinander getrennt, nicht - wie etwa in der Mystik -
Stufen der Gottesnäherung, die eine kontinuierliche Linie
darstellen. Unter dem Bewußtsein dieser Erfahrungsstufen
baute er seine Lehre auf. Er wußte und formulierte auch
klar, wie er zu seiner Lehre von der Rettung durch Ekō
Amidas gekommen war.

Auch in Luthers geistlicher Entwicklung lassen sich ganz
entsprechende drei Stufen erkennen, aber er hatte nicht
das Bewußtsein, seine Lehre darauf gegründet zu haben.
Zumindest gibt es darüber kein Zeugnis. Daß er aber diese drei Stufen unter dem Bewußtsein erlebte, scheint doch
in seinen Aussagen durch, z. B. in der Vorlesung über den
Römerbrief,[344] in der er eine derartige Rechtfertigung
Gottes darstellt. Diese Darstellung ist geradezu die

---

[344] WA 56, 220

Theologie gewordene Erfahrung der drei Entwicklungsstufen. In Japan wird Shinran allgemein als Reformator behandelt, der die buddhistische Kirche in einem entsprechenden Sinn, wie Luther die katholische, reformiert habe. Solche Denkweise ist aber sehr problematisch, denn Shinran hatte keine solche Absicht, auch nicht die, eine neue Kirche oder einen Orden aufzubauen. Er ist aus der Kirche ausgetreten und wollte als Gläubiger unter den anderen Bürgern leben. Die Bewegung, die durch seine Lehre entstand, ist der sog. "Keine-Kirche-Bewegung" im japanischen Christentum, gegründet von Kanzō Uchimura (1861 - 1930) sehr ähnlich. Von dieser Bewegung würde man nicht sagen, sie sei eine Reformation der japanischen christlichen Kirche.
Aber die Wirkung Shinrans auf die Menschen, die Emanzipation der Religion ist der Wirkung Luthers sehr ähnlich. Während seines Lebens konnte Shinran keinen großen Einfluß auf die soziale Lage seiner Zeit ausüben. Daß solche Tendenz aber in seiner Lehre lag, zeigte sich dreihundert Jahre nach seinem Tod, durch das soziale und politische Engagement seines Ordens.

Antinomismus und mißbrauchte Freiheit, legitimiert durch die Religion, als Mißverständnis der Lehre Luthers, bzw. Honganbokori und Ianshin sind allgemeine Phänomene der Religionen. In Japan gab es primitive Religionen, nach deren Lehre man ohne Leistungen Nutzen und Vorteil im Leben erlangen konnte. Das Problem wirklicher Rettung war nicht ihr erstes Anliegen. (Eine berühmte Religion dieser Art war Tachikawaryu shingon)[345]

---

[345] Tachikawaryu shingon: eine Misch-Religion zwischen Buddhismus (shingon shu) und der alten chinesischen Wahrsagerei, der Kosmologie (yin yang) im 12. Jh. Die Lehre: das Geheimnis, im Leben Buddha zu werden, besteht in der Einheit von Mann und Frau (Schatten und Licht)
(A. Hiane, Nihon shūkyoshi, S. 193)

So zeichnet sich ein Kreislauf ab. Nach dem Gedanken der Rettung durch Verdienst erscheint die Rettung durch Glauben allein, unabhängig von menschlichen Leistungen. Darin liegt die Möglichkeit des Mißverständnisses und Mißbrauchs der Freiheit.

Literaturverzeichnis

(I) Shinran

1) Quellen

親鸞 聖人真蹟 浄土真実 教行証文類, 東本願寺, 1955
Shinran seijin shinseki jodoshinjitsu kyogo shomonrui, Higashihonganji, Kyoto 1955 (Ōtani Ausgabe)

金子 大栄 編. 真宗聖典, 上.下, 法蔵館, 1960
Kaneko, Dajeihen, Shinshuseiten, I, II, Hozōkan Kyoto 1960

大江 淳誠, 大原 性実. 真宗聖典, 永田文昌堂, 1971
Ōe Junsei, Ōhara Seijitsu, Shinshuseiten, Nagatabunshodo, Kyoto 1971

2) Biographien

鷹沢 富太郎. 親鸞の世界, 法蔵館, 1961
Karazawa, Tomitaro, Shinranno sekai, hozōkan, Kyoto 1961

稲津 紀三, 日本の仏教史, 印度哲学史, 玉川大学, 1959
Inazo, Norizo, Nihonno buyoseishinshi in Indotetsugakushi, Tamagawa deigakutsushin kyoikubu, Tokyo 1959

赤松 俊秀. 親鸞, 吉川弘文館, 1961
Akamatsu, Toshihide, Shinran, Yoshikawakobunkan, Tokyo 1961

3) Historische Werke

赤松俊秀, 笠原一男編, 真宗史概説, 平楽寺書店, 1963
Akamatsu, Toshihide, kasahara Kazuo hen shinshushigaisetsu, Haigakujishoten, Kyoto 1963

笠原一男 一向一揆の研究, 山川出版社, 1962
Kasahara, Kazuo, Ikkō Ikkinokenkyu, Yamakawashuppan 1962

山田文昭, 親鸞とその教団, 法蔵館, 1948
Yamada, Humiaki, Shinranto sonokyodan, Hozokan, Kyoto 1948

服部之総, 親鸞ノート, 福村書店, 1948
Hattori, Shiso, Shinran, noto, Fukushoten, Tokyo 1948

比屋根安定 (新版) 日本宗教史, 日本基督教団, 1962
Hiane, Antei (Shinpan) Nihonshukyoshi, Nihonkirisutokyodan, Tokyo 1962

Shinoda Minoru, The Founding of the Kamakura Shogunate 1180 - 1185, with selected translations from the Azumakagami, Columbia University Press, New York 1960

Iso, Mutsu, Kamakura Fact and Legend, e. Aufl. Tokyo News Service, keine Jahresangabe

4) Sonstiges

Nishi, Utsuki, Shin Sect, Kyoto 1937

新村 出、広辞苑、オ一・二版、岩波書店、1968
Izuru, Shinmura, Kojien, 1., 2. Ausg. Iwanami, Tokyo 1968

Shinshu seikyo zenshu I, 1972, 2. Aufl. Kyuto,
Suzuki, D. T. Zen und die Kultur Japans, Hamburg 1958

岡 邦俊、浄土真宗とキリスト教、百華苑、1971
Oka, Hoshun, Jodoshinshu to Kirisutokyo, Hyakaen, Tokyo 1971

鈴木 大拙、禅の思想、春秋社、1950
Suzuki, Taisetsu, Zen no shiso, shunjusha, Tokyo 1950

II Luther

1) Quellen

D. Martin Luthers Werke, Kritische Gesamtausgabe, Weimar 1883 I - IV Abteilung

Luthers Werke in Auswahl, unter Mitwirkung von Albert Leitzmann, herausgegeben von Otto Clemen, Bonn, 1912 - 1933, Berlin 1959 - 1966, Bd. I - VIII

Martin Luther, Von der Freiheit eines Christenmenschen, herausgegeben von L. E. Schmitt, 3. Aufl., Tübingen 1954

Martin Luther, An den christlichen Adel deutscher Nation, herausgegeben von W. Braune, Halle 1897, 2. Aufl.

2) Übersetzungen

Calwer Lutherausgabe, herausgegeben von W. Metzger
Bd. I - XII, München 1964 - 1968

Martin Luther, Ausgewählte Werke, herausgegeben von
H. H. Borcherdt u. G. Merz, 2. veränderte Aufl., Bd 7
der Ergänzungsbände, München 1953-63

Martin Luthers Psalmenauslegung, herausgegeben von
E. Mülhaupt, Göttingen 1959-1965, Bd. 3

Fünfzig Deutsche Lutherbriefe, ausgewählt und erläutert von Lic. Dr. Hans Preuß, 2. Aufl., Leipzig 1917

Martin Luther, Studienausgabe, herausgegeben von
K. G. Steck, Hamburg 1970

3) Biographien

H. Lilje, Martin Luther in Selbstzeugnissen und
Bilddokumenten, hamburg 1965

R. Riedenthal, Luther, sein Leben und seine Zeit,
München 1967

H. Boehmer, Der junge Luther, herausgegeben von
H. Bornkam, Stuttgart 1971

R. H. Bainton, Hier stehe ich.Das Leben Martin Luthers,
Göttingen 1967 (in japanischer Übersetzung)

E.H. Erikson, Der junde Mann Luther, München 1958

Tim Klein, Luther, Luth. Verlag Berlin und Hamburg 1967

H. Fausel, D. Martin Luther, Leben und Werk, Calwer
Lutherausgabe Bd. 11, 12, Münchzen 1968

4) Theologie

P. Althaus, Die Theologie Martin Luthers, Gütersloh,
2. Aufl. 1963

P. Althaus, Die Ethik Martin Luthers, Gütersloh 1965

K. Holl, Luther (in gesammelte Aufsätze Bd. I)
tübingen 1958

TH. Harnack, Luthers Theologie mit besonderer Beziehung
auf seine Versöhnungs- und Erlösungslehre, Bd 1, 2, neue
Ausgabe München 1927

P. Meinhold, Luther heute, Luth. Verlag, Berlin und
Hamburg 1967

Ph. Watson, Um Gottes Gottheit (Let god be God),
Einführung in Luthers Theologie, Übersetzung von
G. Gloege, Berlin 1967)

E. Bizer, Fides ex auditu, eine Untersuchung über die
Entdeckung der Gerechtigkeit Gottes durch Martin Luther
Neukirchen 1966

H. Grisar, Luther, I, Freiburg 1911

W. Maurer, Kirche und Geschichte, ges. Aufsätze I,
Herg. E. W. Kohls, göttingen 1970

A.v. Müller, Luthers theologische Quellen seiner
Verteidigung gegen Denifle und Grisar, Gießen 1912

G. Post, Der Prädestinationsgedanke in der Theologie
Martin Luthers, Berlin 1966

H. Gerdes, Luthers Streit mit den Schwärmern um das
rechte Verständnis des Gesetzes Mose, Göttingen 1955

Franz Lau, Luther, Berlin 1959 (japanische Übersetzung7

5) Sonstiges

Erasmus von Rotterdam, De libero arbitrio sive collatio,
herausgegeben von Lic. Joh. v. Walter, Leipzig 1910

R. Stupperich, Geschichte der Reformation, München 1967

K.D. Schmidt, Grundriß der Kirchengeschichte, Göttingen
1967, 5. Aufl.

E. Cairns, A History of the Christian Church, Zondervan
publishing House 1954 (jap. Übersetzung 1959)

F. Brune, der Kampf um eine evangelische Kirche im
Münsterland 1520 - 1802, Lutherverlag u. Witten-Ruhr, 1953

Ka zō Kitamori, Kami no Itami no Shingaku (die Theologie
der Schmerzen gottes), Tokyo 1958, 6. Aufl.

G. van der Leeuw, Phänomenologie der Religion, Tübingen
1933

J. W. Hauer, Verfall oder Neugeburt der Religion?
Stuttgart, 1961

C. H. Ratschow, Magie und Religion, Gütersloh 1947